RECUEIL DE RAPPORTS

SUR

LES PROGRÈS DES LETTRES ET DES SCIENCES

EN FRANCE.

PARIS.

LIBRAIRIE DE L. HACHETTE ET Cie,

BOULEVARD SAINT-GERMAIN, N° 77.

RECUEIL DE RAPPORTS

SUR

LES PROGRÈS DES LETTRES ET DES SCIENCES

EN FRANCE.

EXPOSÉ DES PROGRÈS

DE L'ARCHÉOLOGIE,

PAR

M. L. F. ALFRED MAURY.

PUBLICATION FAITE SOUS LES AUSPICES
DU MINISTÈRE DE L'INSTRUCTION PUBLIQUE.

PARIS.

IMPRIMÉ PAR AUTORISATION DE SON EXC. LE GARDE DES SCEAUX

À L'IMPRIMERIE IMPÉRIALE.

M DCCC LXVII.

EXPOSÉ DES PROGRÈS

DE L'ARCHÉOLOGIE

DEPUIS VINGT ANS.

Tandis que les sources écrites de l'histoire ancienne s'épuisent et qu'on est réduit, en dehors de l'épigraphie, mine toujours féconde, à quêter les plus minces fragments, les plus chétifs scoliastes, ce qu'on peut appeler les *sources archéologiques* augmente de richesse et d'importance et fournit à la chronologie des temps passés, à la connaissance de leurs croyances, de leurs institutions, de leurs mœurs, de leurs usages, des éléments précieux. La France, qui possède de magnifiques musées, qui n'a rien négligé pour l'exploration des contrées signalées à l'attention des érudits, la France sur le sol de laquelle tant de fouilles ont été opérées par les ordres du Gouvernement ou l'initiative individuelle, et qui voit s'accroître tous les jours le nombre de ses sociétés archéologiques, a pris une part considérable à ce grand mouvement d'études; depuis vingt ans et plus les recherches originales, la critique et le tact de ces antiquaires ont singulièrement élargi le champ de la science.

La numismatique, la glyptique, la céramographie, l'iconographie, la description des terres cuites, des mosaïques, des bronzes, la connaissance des anciennes armes et des divers objets ou ustensiles ayant appartenu à la vie privée et intérieure des Grecs et des Romains, ont donné lieu soit à des publications d'ensemble, soit à des mémoires spéciaux; la controverse a éclairé certains points, et tandis que les uns mettaient en lumière des faits nouveaux, les autres rectifiaient les erreurs de leurs devanciers.

PREMIÈRE PARTIE.

NUMISMATIQUE, MÉTROLOGIE ANCIENNE, GLYPTIQUE.

Dans le rapide aperçu qu'il nous faut tracer de cette suite de travaux où la France, dès longtemps, donnait à l'étranger au moins autant qu'elle lui empruntait, nous commencerons par la numismatique. Des diverses branches qui composent l'archéologie, c'est celle dont l'étude sérieuse fut abordée la première, et qui, la première aussi, est arrivée à une constitution définitive.

Le *Doctrina numorum veterum* d'Eckhel, les publications de Banduri, de Pellerin, de Barthélemy, de Sestini, de Tòchon d'Annecy, de Mionnet, de Millingen, ont fourni à la numismatique ancienne une base sur laquelle peuvent s'élever de fermes et solides assises. La numismatique antique est établie depuis près d'un demi-siècle dans ses linéaments principaux; il reste à éclaircir des détails nombreux, à combler les lacunes multipliées qu'offrent des branches moins avancées que le corps principal de la science, et c'est à cela qu'ont travaillé nos numismatistes contemporains. La méthode était sans doute créée, mais certains éléments de détermination n'avaient point été suffisamment approfondis, et c'est un des mérites de nos antiquaires d'avoir mieux fait sentir l'importance de ces éléments trop négligés, d'en avoir habilement tiré parti pour les progrès de la science. C'est ainsi que la considération des types mythologiques, la comparaison et l'évaluation des poids, la notation des provenances, le déchiffrement des signes d'ateliers monétaires ont été d'un puissant secours. Letronne, et, après lui, Charles Lenormant ont fait un heureux usage des pesées dont Eckhel ne s'était nullement préoccupé. M. de la Saussaye insista un des premiers sur la nécessité d'étudier les provenances, quand il s'agit de classer des médailles, et M. J. de Witte a demandé à sa profonde connaissance de la mythologie l'explication de divers types gravés sur les médailles et dont l'intelligence aide aux attributions de celles-ci, voie dans laquelle ont également marché M. le duc de Luynes, MM. A. de Longpérier et Duchalais.

En multipliant ses moyens d'interprétation, non-seulement la science des médailles étend incessamment le champ de ses explorations et creuse davantage les lieux qui avaient été fouillés, mais elle resserre les liens qui l'unissent aux autres provinces de l'archéologie, et apporte son concours à l'étude des produits des arts plastiques. Charles Lenormant fit voir jadis, dans un mémoire publié par la Revue numismatique, de quelle utilité peut être l'étude des médailles pour la connaissance des monuments antiques, en restituant le véritable nom du monument connu à Rome sous le nom des *Trophées de Marius*. Vers la même époque (1842), un antiquaire non moins zélé et dont la science déplore également la perte, Raoul Rochette, dans un travail lu devant l'Académie des inscriptions, tirait de cette même étude des médailles les inductions les plus ingénieuses et les plus intéressantes, en vue de recomposer par la pensée, ou de restaurer en réalité les statues qu'ont décrites les auteurs anciens et qui ne subsistent plus ou dont il ne reste que des débris. Il appliqua cette méthode à la restauration idéale du groupe dont faisait partie le *torse du Belvédère*.

Nous rappelons ces travaux, quoique par leur date ils soient antérieurs à la période qui nous occupe, car ils marquent une des voies nouvelles dans lesquelles est entrée la science des médailles.

Nous avons cité la Revue numismatique, et nous aurons à la citer bien souvent encore. C'est dans ce recueil, en effet, qu'ont paru la plupart des travaux de détail que nous avons à signaler. Fondé en 1836 par MM. Cartier et de la Saussaye, il n'était destiné dans le principe qu'à enregistrer les découvertes de la numismatique française; mais bientôt son cadre s'agrandit, et ce recueil périodique devint le centre et le répertoire de toutes les études numismatiques dans notre pays. Dirigé avec intelligence et talent par ses deux fondateurs, il a passé plus tard (1856) aux mains d'autres éditeurs qui en avaient été dès l'origine deux des plus savants collaborateurs, MM. J. de Witte et A. de Longpérier.

Les services rendus à la science des médailles par la Revue numismatique sont appréciés de tous les érudits et de tous les amateurs. C'est sur son modèle qu'ont été créés à l'étranger des recueils analogues. Aussi sa fondation peut-elle être regardée comme ayant ouvert une ère de progrès dans les recherches numismatiques. Aucun ouvrage n'a plus contribué à opérer cette union des diverses branches de l'archéologie dont nous parlions tout à l'heure, et n'a plus facilité les rapports entre ces collectionneurs, nombreux en France, dont le goût éclairé a eu sa part dans l'avancement des études numismatiques.

La connaissance de l'ensemble de toutes les monnaies de l'antiquité, si fort avancée de nos jours, a permis de mieux faire l'histoire de la monnaie antique, des principes et de l'organisation qui ont présidé au monnayage des Grecs et des Romains. Tel est le but que s'est proposé M. François Lenormant dans son *Essai sur l'organisation politique et économique de la monnaie dans l'antiquité*[1], où, mettant à profit les importants travaux de son père et interrogeant les textes juridiques, il trace un tableau intéressant des vicissitudes qu'ont traversées chez les anciens le système monétaire et le monnayage.

Plusieurs points traités par ce jeune antiquaire avaient été abordés, quelques années auparavant, par M. Anatole de Barthélemy, dans des *Lettres adressées à M. Lecointre-Dupont sur les corporations et les magistrats préposés à la fabrication des monnaies*[2]. Mais ce numismatiste n'avait pu qu'effleurer son sujet. Des vues ingénieuses, des rapprochements curieux sont semés dans ce travail,

[1] Paris, 1863, in-8°. — [2] *Revue numismatique*, t. XII, 1847; t. XIII, 1848.

où se trouvent indiquées des questions fondamentales pour la connaissance du système monétaire romain. Ces questions ont été reprises par ceux qui ont cherché à éclairer les origines obscures du monnayage latin; nous y reviendrons en traitant des publications relatives à la numismatique romaine.

C'est au même ordre d'études que se rattachent les recherches de Charles Lenormant *sur le rapport de l'or à l'argent chez les anciens*, qui fait l'objet d'une *note* développée dans la Revue numismatique[1]. L'éminent archéologue s'est efforcé, dans cette note, de lever des difficultés qui avaient embarrassé Letronne. L'illustre critique concluait de divers passages, par lui réunis et discutés, qu'un abaissement progressif de l'or par rapport à l'argent s'était opéré depuis le temps d'Hérodote jusqu'à l'époque de la mort d'Alexandre. Letronne manquait d'un élément capital pour la solution du problème, la possession de la monnaie d'or d'Athènes, dont l'existence était encore contestée quand il écrivait. La connaissance de cette monnaie permit à Ch. Lenormant de faire un pas en avant. La comparaison attentive à laquelle il se livra le conduisit à admettre qu'en Grèce, lorsque la proportion de l'or à l'argent s'éloignait d'une manière notable du rapport de 10 à 1, on s'abstenait de fabriquer de la monnaie d'or; partout au contraire où le rapport des deux métaux ne s'écartait pas de la proportion considérée comme normale, on fabriquait à la fois des pièces d'or et d'argent. Les variations de poids observées entre l'un et l'autre métal répondaient à la hausse ou à la baisse de l'or ou de l'argent comme marchandise. Ch. Lenormant a constamment retrouvé ce fait dans le monde grec jusqu'au temps de la dernière guerre civile, alors que Brutus et Cassius mettaient à profit les trésors de la Thrace. Le même archéologue constate l'application d'une règle identique, bien qu'avec un système différent, pour la monnaie romaine. Mais les Romains étant moins riches en or que les Grecs, le rapport des

---

[1] T. XX, 1855.

deux métaux n'est plus chez eux que de 1 à 13. Ch. Lenormant recherche les causes des variations de la valeur vénale des métaux précieux dans la plus ou moins grande abondance des sources d'où les tiraient les Hellènes et les Latins, sources qu'il nous fait connaître, ajoutant ainsi une page à l'histoire du commerce et de l'industrie chez les anciens.

C'est la numismatique grecque qui a fourni à l'éminent antiquaire le point de départ de son curieux travail. L'étude des statères de Cyzique, qui jouissaient dans l'antiquité d'une si grande renommée, l'a conduit aux idées sur lesquelles repose son appréciation des rapports de l'or à l'argent chez les anciens. Les statères de Cyzique, autrement dits les *cyzicènes*, n'avaient point encore été retrouvés, il y a trois quarts de siècle. Eckhel les regardait comme une simple monnaie de compte, ou, suivant son expression, « comme une monnaie imaginaire. » Sestini eut le mérite d'en démontrer l'existence matérielle et de les signaler dans les collections ; mais ni lui ni l'illustre philologue Boeckh, qui a tant fait pour l'avancement de la métrologie antique, n'avaient pu en opérer le classement. Ch. Lenormant l'a tenté, et son mémoire, inséré dans la Revue numismatique[1], nous retrace une histoire complète de la monnaie dans cette ville de l'Asie Mineure demeurée une place importante jusqu'au premier siècle de l'empire romain.

L'habile antiquaire établit que la masse principale des cyzicènes a été frappée entre la fin de la guerre du Péloponèse et le temps d'Alexandre. Au moment où cette monnaie apparut en abondance sur les marchés, on ne frappait d'or presque nulle part ; car la Lycie et la Carie n'en émettaient que fort peu ; Athènes n'en frappait plus depuis la guerre du Péloponèse. La ville de Cyzique se trouva ainsi maîtresse exclusive du marché, du moment où elle commença à y répandre ses monnaies d'or, et elle jouit de cet avantage jusqu'au jour où Philippe de Macédoine donna les beaux sta-

---

[1] Nouvelle série, t. I, 1856.

tères qui eurent un cours si étendu. En possession d'un pareil mo-
nopole, les Cyzicéniens en abusèrent; ils émirent une monnaie très-
faible de poids et d'un titre plus que médiocre. La constatation du
titre des monnaies de Cyzique et la discussion des témoignages
émanés de l'antiquité qui s'y rapportent, notamment d'un célèbre
passage de Démosthènes, ont permis à Ch. Lenormant d'évaluer
les rapports comparatifs de l'or à l'argent dans cette ville et dans
d'autres parties du monde grec. Il a expliqué de la manière la plus
ingénieuse le genre de bénéfice que les marchands cyzicéniens
faisaient par le seul emploi de leur monnaie.

M. Fr. Lenormant a depuis complété le travail de son père[1]. Il a
étudié avec soin les trois catégories de types qui se voient sur les
cyzicènes, à savoir : 1° les types des cités confédérées avec Cyzique; 2° les types historiques; 3° les types relatifs au culte de la
ville et aux traditions locales; ce qui l'a conduit à reconnaître que
nombre de villes de l'Asie Mineure, témoins des profits énormes
que Cyzique tirait de son opération monétaire, se confédérèrent
avec elle pour expédier en commun l'or qu'on apportait des mines
de l'Oural à Panticapée. Grâce à cette étude, M. Fr. Lenormant a
su distinguer de nouvelles pièces qui doivent être attribuées à la
série cyzicénienne.

Bien d'autres travaux ont ajouté, dans ces derniers temps, à
notre connaissance de la numismatique grecque. Nous analyserons
rapidement les plus neufs et les plus importants, nous bornant à
rappeler ceux qui, malgré leur mérite, n'occupent qu'une place
secondaire dans l'histoire des progrès de cette branche de l'archéologie.

C'est dans la Revue numismatique qu'ont été insérés la plupart
des écrits qui nous font connaître des médailles inédites, en donnent
l'interprétation ou rectifient des attributions auparavant adoptées.
M. de Longpérier, dont l'attention s'était depuis longtemps portée

---

[1] *Revue numismatique,* nouvelle série, t. IX, 1864.

sur divers points curieux de la numismatique hellénique, a poursuivi ses recherches avec la même excellence de méthode et la même sagacité que par le passé. Mais la majorité de ses plus récentes notices est encore quelque peu antérieure à l'époque qui nous occupe. Nous devons néanmoins rappeler sa dissertation sur les médailles de sept villes grecques que n'ont pas mentionnées les tables générales de Mionnet. Dans une notice sur les médailles grecques de la collection Palin[1], M. de Longpérier a décrit plusieurs des pièces intéressantes que contenait le médaillier du diplomate suédois. Un autre diplomate étranger, numismatiste également exercé, M. de Prokesch-Osten, qui avait lui aussi résidé longtemps en Orient, a décrit, dans une notice en français qu'a publiée la Revue numismatique[2], quelques-unes des médailles par lui réunies; elles viennent combler des lacunes dans les séries déjà connues. On trouve encore signalées et décrites diverses médailles grecques inédites dans la *Description des médailles et antiquités composant le cabinet de M. le baron Behr*[3], qu'a donnée M. Fr. Lenormant et sur laquelle nous reviendrons, en parlant des travaux relatifs à la numismatique orientale, dont cette collection comprenait plusieurs intéressants monuments.

L'étude des monnaies de la Grèce et surtout de celles de l'Asie Mineure prête à la géographie un secours puissant; car elle permet de retrouver des localités que la topographie seule aurait été impuissante à découvrir. On en a la preuve par l'important ouvrage de M. W.-H. Waddington intitulé: *Voyage en Asie Mineure au point de vue numismatique*[4], qui avait antérieurement paru dans la Revue numismatique. L'auteur a parcouru les contrées dont il cherche à compléter la numismatique; c'est là un grand avantage, car il ne suffit pas toujours de se renseigner sur les lieux où des découvertes de médailles ont été opérées, il faut encore les visiter. Ce n'est

[1] *Revue numismatique*, nouv. série, t. IV. 1859.

[2] *Nouvelle série*, t. V. 1860.

[3] Paris, 1857, in-8°.

[4] Paris, 1853, in-8°.

guère qu'en séjournant dans un pays qu'on parvient à constater la provenance exacte de telle ou telle classe de médailles. M. Waddington l'a compris, et il a exploré dans ce but l'Asie Mineure, surtout la partie de la presqu'île où les arts et la civilisation de la Grèce ont laissé les plus nombreux vestiges. En même temps qu'il ramassait une foule de médailles inédites, il recueillait les éléments les plus précieux, tant pour l'attribution des monnaies incertaines que pour la fixation de l'emplacement de villes détruites, qui nous est indiqué par les trouvailles de monnaies, à défaut d'inscriptions et d'autres monuments. Nul avant lui ne s'était autant attaché à constater ce qu'on pourrait appeler le gisement des médailles, et, dans cette étude, il a apporté une critique lumineuse qui aura d'heureux fruits. Ainsi que l'observe M. Waddington, en règle générale, la découverte d'une monnaie d'or ou d'argent dans les ruines d'une ville ancienne prouve peu pour le nom de cette ville, les métaux précieux servant aux transactions lointaines, au commerce extérieur. Si l'on rencontre, au contraire, dans ces ruines, un grand nombre de médailles en cuivre, principalement de petit module, c'est là un indice presque certain que la ville les a fait frapper, et l'on est autorisé à chercher son nom dans l'inscription qu'elles portent. M. Waddington a fait de plus cette observation ingénieuse que les monnaies, lorsqu'elles appartiennent à la ville dans le sol de laquelle elles ont été découvertes, sont généralement usées par la circulation, tandis que si elles proviennent de villes situées à quelque distance, elles sont d'ordinaire en bon état. Ces données, venant s'associer à l'étude attentive des monnaies qu'il a recueillies de tous côtés, ont permis à l'habile numismatiste d'éclairer divers points de la géographie des anciennes provinces qu'il a parcourues, à savoir : la Phrygie, la Carie, la Lydie, la Mysie, la Troade, la Pamphylie, la Pisidie, la Lycie. Il a joint en appendice à son ouvrage un travail spécial sur les monnaies des villes assez nombreuses qui portèrent le nom d'Apollonie et qu'on avait souvent prises les unes pour les autres. Les descriptions de l'auteur sont succinctes, mais claires et précises; de belles planches aident à leur intelligence.

M. Waddington ne s'est pas borné à la publication de son voyage numismatique; il a poursuivi ses recherches dans une série de dissertations dont la Revue numismatique s'est enrichie. et qu'il a réunies, pour la plupart, dans ses *Mélanges de numismatique et de philologie*[1]. Nous citerons sa dissertation intitulée : *Médailles frappées au I[e] siècle en Carie et en Ionie*, où il soumet à un examen attentif la curieuse monnaie de Thémistocle. qu'avait déjà fait connaître M. le duc de Luynes, et qu'il place au temps où le grand capitaine athénien avait obtenu du roi de Perse Artaxercès le gouvernement de Magnésie. Dans une autre notice. il discute l'attribution des monnaies de petits rois de l'Asie, dont il éclaire l'histoire par de savants rapprochements historiques. La description de médailles inédites de diverses villes de l'Asie Mineure, une notice sur la monnaie d'un roi des Athamanes. un mémoire sur le nome Heptacometis dont le nom est inscrit sur une médaille d'abord inexactement publiée et qui avait fait l'objet d'une vive controverse, sont autant de pages nouvelles ajoutées par M. Waddington à la science des monnaies grecques. D'autres chapitres de ses *Mélanges* sont consacrés à la numismatique asiatique: nous y reviendrons en parlant plus loin des travaux dont cette branche a été l'objet.

Nous. venons de signaler l'heureux parti que l'on peut tirer de la détermination précise des lieux où les monnaies ont été découvertes. Ces déterminations deviennent difficiles, une fois que l'intérêt mercantile ou la curiosité a dispersé celles qui s'étaient trouvées réunies dans une même trouvaille. Sachant. par sa propre expérience. par l'exemple de plusieurs de ses devanciers, combien la connaissance de la composition des dépôts jadis enfermés dans le sol peut être féconde pour la fixation de l'âge et du caractère des monnaies qui en faisaient partie. M. Waddington a récemment essayé de recons-

____
[1] Paris. 1861. in-8°.

tituer, à force de recherches et de renseignements, la composition originelle de deux amas qui nous avaient valu un riche butin, à savoir : la trouvaille de Saïda en Phénicie, et celle de Marmara sur la Propontide[1]; il est arrivé de la sorte à tirer des monnaies de Cios, de Rhodes, du roi Pnytagoras, de Panticapée, de Nicomède II, des données intéressantes et neuves.

Une œuvre consacrée à la numismatique grecque, qui, par son importance et sa belle exécution, se place naturellement à côté des recherches de M. Waddington, est l'ouvrage de M. E. Beulé, intitulé : *les Monnaies d'Athènes*[2]. Quoiqu'il y ait des siècles que l'on s'occupe de la ville de Périclès, sa numismatique était loin d'avoir été aussi approfondie que celle d'autres cités du monde ancien. Ce n'est que dans ces dernières années qu'on a pu réunir une suite à peu près complète de ses monnaies d'argent; quant à ses monnaies d'or, elles avaient été longtemps ignorées. M. Beulé a entrepris une classification des magnifiques tétradrachmes qui portent la tête de Minerve et la chouette, son oiseau symbolique. L'étude des types qu'il a éclairés par la mythologie, la comparaison des styles, celle des marques monétaires, lui ont permis de rétablir la chronologie d'un ensemble de médailles que leur extrême homogénéité pouvait faire aisément confondre. C'est en artiste autant qu'en antiquaire qu'il les examine; il y suit les vicissitudes de l'art depuis un dessin encore rude jusqu'à celui qui dénote la décadence. Nul avant M. Beulé n'avait réuni une si riche collection de tétradrachmes appartenant à ce qu'on peut appeler le nouveau style. Pour les ranger suivant l'ordre des temps, pour rétablir la succession des magistrats monétaires, il ne néglige rien : ni les marques d'atelier, ni les symboles, ni les monogrammes, ni les lettres d'amphore qui indiquaient d'une manière abréviative le nom du magistrat auquel incombait la responsabilité du monnayage, ainsi qu'il l'a reconnu avec M. Rathgeber, son émule en ce genre de recherches. Les

<hr>

[1] *Revue num.* nouv. série, t. X, 1865. — [2] Paris, 1852, in-4°.

belles planches dont l'ouvrage de M. Beulé est accompagné font facilement saisir la vérité des observations esthétiques et critiques que lui suggère son sujet. En manière d'introduction est placé un aperçu aussi solide que complet sur le système monétaire attique, qui avait occupé avant lui plus d'un critique.

Depuis la publication de ce livre, le même archéologue a continué ses investigations sur les monnaies athéniennes; il a expliqué une belle drachme, mal connue avant lui, et qu'il attribue avec beaucoup de vraisemblance à Conon [1]; il a donné une note sur un statère d'or d'Athènes portant le nom de Mithridate [2].

Un antiquaire enlevé encore jeune à l'érudition et qui porta avec succès son attention sur diverses branches de la science des médailles, M. Ad. Duchalais, avait, sous le titre d'*Études numismatiques*, entrepris d'éclairer le sens de certains symboles figurés sur les monnaies grecques, en vue de mieux déterminer l'attribution de celles-ci. L'image de l'aigle gravée sur les monnaies de l'Élide a exercé en particulier sa sagacité [3]; il a rapproché cette représentation de celles qu'offrent d'autres monnaies antiques, et interrogé les auteurs pour en découvrir la signification emblématique. De là il a passé à l'examen des symboles accessoires que les graveurs anciens ajoutaient souvent au type principal, mais qui en sont parfois complétement indépendants. Là était la tâche difficile, rien n'étant plus obscur que ces symboles secondaires qui se rapportent ordinairement aux magistrats commis à la surveillance de la monnaie. Malgré son tact numismatique, M. Duchalais n'avait peut-être pas en mythologie des connaissances assez étendues et surtout assez critiques pour toujours bien saisir la portée et la signification des symboles qu'il interprétait. Quand il n'est besoin que de l'étude des médailles en elles-mêmes, son coup d'œil est sûr et ses rapprochements sont concluants; mais on ne rencontre pas chez lui cette vaste science des croyances polythéistes appliquée

---

[1] *Revue num.* nouv. série, t. III, 1858. — [2] *Revue num.*, nouv. série, t. VIII, 1863. — [3] *Revue numismatique*, t. XVIII, 1852.

à l'étude des monuments qu'on admire dans les écrits d'autres numismatistes, entre lesquels nous citerons un antiquaire auquel la France, qui le dispute à la Belgique, a donné depuis longtemps de grandes lettres de naturalisation scientifique, M. J. de Witte. Cet archéologue, à qui nous devons d'excellentes monographies sur les types mythologiques, a fait paraître, durant la période qui nous occupe, une dissertation étendue et substantielle sur l'*Apollon Sminthien*[1], où se montrent toutes les ressources que l'étude des médailles fournit à celle de la religion des Hellènes.

Bien des travaux particuliers ont été consacrés en France à la numismatique grecque depuis dix-huit ans environ; nous nous contenterons de nommer les dissertations dans lesquelles MM. P. Dupré, F. Bompois, A. de Courtois, Commos ont enrichi nos suites monétaires de quelques médailles nouvelles, ou tiré de celles qui étaient déjà connues d'intéressants renseignements[2]. La part à faire à M. François Lenormant est plus large. Guidé à ses débuts par son père, il a de bonne heure abordé les difficultés de cette branche de la numismatique et y a honorablement marqué sa place.

Les didrachmes de Corinthe, qui portent au droit la figure de Pégase, emblème constant des monnaies de cette ville, offrent au revers une tête casquée, qu'on avait prise pour celle de la déesse Minerve. M. Fr. Lenormant y a reconnu, avec beaucoup de tact et d'érudition, celle de la Vénus armée[3]. Les villes grecques ont frappé, sous les empereurs romains, des monnaies au revers desquelles se lisent des légendes étendues qui nous fournissent des renseignements précieux sur les magistrats commis à la surveillance de leur fabrication. La lecture de ces légendes nous apprend que ce soin n'était pas confié partout au même magistrat. C'est, suivant les villes, l'archonte, le stratége, l'éphore, le prytane, le questeur qui en est chargé. Quant aux monnaies datant de l'époque pure-

---

[1] *Revue num.* nouv. série, t. III, 1858.

[2] Voyez *Revue numismatique,* nouvelle série, ann. 1864-1866.

[3] *Revue numism.* nouv. série, t. XI, 1866.

ment autonome, on ne parvient que rarement à savoir le titre du magistrat auquel était dévolue l'inspection de la monnaie, et dont le nom, inscrit sur la médaille, en garantissait officiellement la valeur. M. Fr. Lenormant a résolu ce problème pour les médailles de Corcyre[1]. Rapprochant les noms qui se rencontrent sur les médailles de cette île de ceux qui se lisent sur des inscriptions grecques de la même île, avec l'indication des fonctions remplies par ceux qui les portaient, il retrouve, entre vingt noms des magistrats monétaires, onze noms que l'épigraphie corcyréenne assigne à des prytanes éponymes, et il en conclut avec une grande probabilité que c'était à ces magistrats qu'appartenait à Corcyre la surveillance du monnayage.

Nous avons déjà parlé des progrès dont la numismatique des provinces de l'Asie Mineure est redevable aux belles recherches de M. Waddington. Les médailles de quelques-unes d'entre elles ont fait l'objet de travaux spéciaux. L'une de ces provinces, la Lycie, où deux voyageurs distingués, MM. Fellows et Ch. Texier, ont découvert de curieux monuments d'un style à part, a eu des monnaies dont l'étude appelait surtout l'attention des numismatistes. Déjà, à une époque un peu éloignée de celle dont nous retraçons l'histoire scientifique, Raoul Rochette s'était livré à l'examen des médailles lyciennes; depuis, M. de Longpérier avait enrichi leur suite de nombreuses pièces inédites, et déchiffré, dans leurs légendes, les noms de plusieurs villes passées sous silence par le géographe Ptolémée. Un des plus éminents numismatistes de l'Italie, enlevé depuis peu à l'archéologie, dont il a été l'une des lumières, C. Cavedoni, a repris ce sujet; rectifiant Eckhel, complétant ce qui avait été dit avant lui, interprétant des symboles sur la signification desquels régnait encore de l'obscurité, notamment la *triquetra* ou triskèle, type caractéristique des plus anciennes monnaies de la Lycie, puis suivant les changements de signification que leurs types ont pu

[1] *Revue numism.* nouv. série. t. XI, 1866.

subir, étudiant enfin d'une manière toute spéciale celles qui portent l'image d'Apollon, dieu national de la province, il rétablit la chronologie monétaire de la Lycie, et s'en sert pour retracer l'histoire de cette contrée.

En adressant à l'Académie des inscriptions et belles-lettres ses *Observations sur les anciennes monnaies de la Lycie*, rédigées en français[1], Cavedoni a doté l'érudition de notre pays du fruit de ses investigations; il était donc juste que son travail fût rappelé ici.

Une autre province de l'Asie Mineure, dont les monnaies ne réclament pas une étude moins attentive que celles de la Lycie, est le Pont; sa série numismatique a déjà depuis longtemps exercé la sagacité des antiquaires. Appliquant une fois de plus le principe fécond de la constatation du lieu de découverte à l'attribution des médailles, M. Waddington, grâce à la trouvaille d'Amasia, a pu restituer au roi Mithridate IV les tétradrachmes que l'on rapportait auparavant à l'aïeul de ce prince[2].

La Sicile fut, comme on sait, une terre hellénique, et sa numismatique n'est qu'une branche de la science des monnaies grecques. Un jeune numismatiste étranger, M. A. Salinas, qui demanda quelques années à la France une hospitalité qu'il a payée par d'excellents travaux dont s'est enrichie la Revue numismatique, en a éclairé divers points. Nous lui devons un travail plein de recherches neuves, ayant pour titre : *Examen de quelques contrefaçons antiques des tétradrachmes de Syracuse et du prétendu nom du graveur Eumelus*[3]. Il y met en évidence le caractère apocryphe du nom d'un artiste lu sur des monnaies siciliennes qu'il nous montre avoir été *fourrées;* il applique des moyens de critique délicats à l'étude des pièces contrefaites, dont la constatation importe autant à l'histoire de l'art qu'à l'exacte connaissance des faits sur lesquels ces contrefaçons pourraient nous égarer.

[1] *Mém. de l'Acad. des inscriptions, Sav. étrangers*, 1re série, t. II. 1852.

[2] *Revue numism.* nouv. série, t. IX. 1864.

[3] *Revue numism.* nouv. s. t. VIII. 1863.

La Macédoine n'a pas une numismatique moins riche que celle des contrées helléniques qui l'avaient devancée dans les voies de la civilisation. L'art, qui y fut apporté par des colons émigrés de la Grèce propre, y prit rapidement un développement original. L'une des villes macédoniennes qui durent à Athènes leur fondation, Amphipolis, située à l'embouchure du Strymon, frappa des tétradrachmes, qui demeurèrent d'une extrême rareté jusqu'à ce qu'en 1859 une découverte faite aux environs de Salonique vint tout à coup nous en apporter plus de cinquante. Cette heureuse trouvaille a permis à M. J. de Witte d'esquisser l'histoire du monnayage d'Amphipolis, d'en déterminer la durée et le caractère. Dans sa dissertation[1], le savant archéologue a été amené à traiter un point intéressant de l'iconographie antique, à savoir de l'époque à laquelle on commença, en Grèce, à représenter sur les monnaies des têtes de face. M. le duc de Luynes avait rapporté cette innovation au règne d'Alexandre, tyran de Phères, qui s'empara de l'autorité souveraine en 369 et périt assassiné quelques années plus tard. La date admise par l'illustre antiquaire semblait trouver sa confirmation dans la présence des têtes de face d'Aréthuse et de Minerve sur les magnifiques médaillons de Syracuse, œuvres de deux artistes. Cimon et Euclide, qui vivaient vers cette époque. M. J. de Witte a montré qu'il fallait remonter un peu plus haut pour trouver le point de départ de cet usage, abandonné dès le temps d'Alexandre le Grand, sauf de rares exceptions, et qui ne reparut qu'au IIIe siècle de notre ère. Les monnaies frappées sous l'autorité de Pharnabaze, satrape du grand roi, attestent que l'introduction des figures de face sur les médailles se liait à l'innovation analogue introduite par Cimon de Cléones dans la peinture.

La numismatique macédonienne a encore à tirer profit de deux notices de M. Fr. Lenormant, l'une *sur un distatère d'or de Philippe II roi de Macédoine, et sur un tétradrachme inédit de Ptolémée*

<hr>

[1] *Revue numism.* nouv. série, t. IX, 1864.

Philadelphe[1], l'autre *sur les monnaies des questeurs de la Macédoine*[2]. La seconde notice fournit les éléments d'un meilleur classement des médailles de cette série, et éclaire du même coup quelques points de l'histoire de Rome et de son régime administratif en Grèce. On sait qu'après la défaite de Persée à Pydna les Romains avaient divisé la Macédoine en quatre provinces; ils établirent dans le pays des garnisons, lui imposèrent des tributs excessifs, mais lui laissèrent une indépendance nominale. M. Fr. Lenormant rapporte à cette période les médailles portant la légende grecque ΜΑΚΕΔΟΝΩΝ; mais au bout de dix-neuf ans, les Macédoniens s'étant soulevés et ayant mis à leur tête Andriscus, le consul Metellus marcha contre eux, les soumit de nouveau, et, à dater de ce moment, ils perdirent toute autonomie. Les vainqueurs leur imposèrent des questeurs dont l'autorité tyrannique dura jusqu'à Auguste et ses successeurs. Cette période est représentée dans la série monétaire macédonienne par des médailles qui rappellent sans doute celles de la première époque, mais qui s'en distinguent quant au style. Quelques particularités des légendes et la présence de certaines lettres latines étaient demeurées obscures : l'auteur du mémoire a tenté de les éclaircir et a établi trois faits qui peuvent en donner la clef. Les voici : 1° Caïus Publilius et Lucius Fulcinnius furent questeurs de la Macédoine aux premiers temps de la conquête, à deux ou trois ans environ d'intervalle; 2° les médailles qui portent les noms d'Aesillas et de Sura ont été frappées dans l'armée de Brutus et de Cassius pour le payement des soldats macédoniens; 3° les Bottiéens avaient commencé à battre monnaie à leur nom, lors de la décadence de la monarchie macédonienne ; ils continuèrent jusqu'à la conquête romaine; ils avaient même frappé durant les premières années de la domination étrangère, pour les questeurs romains, des monnaies à leurs types nationaux, portant leur monogramme dans la partie la plus apparente du champ.

---

[1] *Revue numism.* nouv. série, t. VII, 1862. — [2] *Revue numism.* t. XVII, 1853.

De toutes les parties de la numismatique macédonienne, celle qui a peut-être le plus d'importance et qui trouve les plus nombreuses applications traite de l'étude des monnaies d'Alexandre le Grand. Elle a été éclairée d'une vive lumière, grâce aux travaux d'un savant danois, M. L. Müller, inspecteur du cabinet royal des médailles et du musée Thorwaldsen, à Copenhague. Nous n'aurions pas à mentionner ici son travail s'il n'était écrit en notre langue et si le prix de numismatique que lui a décerné l'Académie des inscriptions n'en avait fait pour ainsi dire une œuvre française. Le livre de M. Müller[1], fruit de longues explorations dans toutes les collections de l'Europe, embrasse sous un même aspect la numismatique d'une grande partie du monde ancien; car, ainsi que le montre l'auteur, on a frappé des monnaies d'Alexandre non-seulement en Macédoine, mais dans la Thrace, la Thessalie, l'Eubée, le Péloponèse, les îles de la mer Égée et la Crète, dans toutes les provinces orientales et occidentales de l'Asie Mineure, dans la Syrie, la Phénicie, la Palestine et l'Afrique. Si ce fait n'avait pas été auparavant suffisamment signalé, c'est que bien des monnaies d'Alexandre étaient mal connues. A côté du type principal et uniforme, le seul qui pendant longtemps ait été pris en considération, il existe sur les monnaies du conquérant macédonien et sur celles de son père de petits types accessoires qui appartiennent aux villes où elles ont été fabriquées. Grâce à une critique sagace, à une connaissance approfondie des textes historiques, l'auteur danois a su les interpréter et déchiffrer la signification de monogrammes et de divers signes demeurés jusque-là lettres closes. Il a reconnu que la fabrication des monnaies d'Alexandre avait continué après sa mort, et a recherché les autorités qui les avaient fait frapper. L'extrême réserve que M. Müller apporte dans ses assertions, et que l'on pourrait parfois taxer de timidité, tant il est enclin à reléguer parmi les incertains des types qui, bien qu'obs-

[1] *Numismatique d'Alexandre le Grand, suivie d'un appendice contenant les monnaies de Philippe II et III; Copenhague. 1855. avec atlas.*

curs à la première vue, se prêtent pourtant à une interprétation satisfaisante, fait de la *Numismatique d'Alexandre le Grand* une œuvre des plus solides et un guide des plus sûrs.

Les monnaies de la Thrace n'ont point été en France l'objet de récents travaux; mais nous ne devons pas oublier que c'est à un antiquaire français, Raoul Rochette, dont nous avons plusieurs fois déjà rappelé les titres, que revient l'honneur d'avoir dissipé les obscurités qu'avaient laissées sur cette branche de la science l'ouvrage de Cary, publié en 1752, et les recherches pourtant si pénétrantes de Ch. Lenormant dans l'Iconographie des rois grecs, qui fait partie du *Trésor de numismatique et de glyptique*. Dans son beau mémoire sur les médailles des rois des Odryses et des Thraces[1], l'ancien secrétaire perpétuel de l'Académie des beaux-arts a définitivement constitué la suite monétaire de ces princes peu connus, dont les noms auraient été sans doute ensevelis dans un oubli complet, s'ils n'avaient été en relation avec les Athéniens.

La numismatique de l'Égypte, qui date de l'époque alexandrine, se lie tout naturellement à celle d'Alexandre, puisque c'est un de ses généraux qui fonda sur les bords du Nil la dynastie grecque dont une foule de monnaies perpétuent le souvenir. Les médailles des Lagides avaient été étudiées par Vaillant, Eckhel et Visconti; elles restaient pourtant classées d'une manière fort incomplète. Quelques faits de détail furent établis après eux. Letronne a exposé dans un excellent mémoire l'erreur singulière qui conduisit à intervertir les monnaies de Ptolémée XII et de Ptolémée XIII, et expliqué l'origine de certaines monnaies de Cléopâtre. Ch. Lenormant, dans le *Trésor de numismatique et de glyptique*, indiqua quelques-uns des principes fondamentaux qui devaient servir à une classification meilleure. Aidé des conseils de son savant père, M. Fr. Lenormant reprit l'œuvre dans son ensemble et nous donna en 1855 un *Essai sur le classement des Monnaies d'argent des Lagides*[2].

---

[1] *Nouvelles Annales de l'Inst. archéologique de Rome*, part. française, t. I. — [2] Paris, in-8° avec planches.

qui fut couronné par l'Institut. Le jeune antiquaire y fait voir que c'est l'image de Ptolémée Soter, défigurée par des copies successives, qui avait été prise pour l'effigie des divers successeurs de ce prince. La masse de numéraire d'argent monnayé dans les domaines des rois d'Égypte sous les trois premiers Ptolémées porta uniformément la figure du fondateur de la dynastie. Rien n'est plus rare, en effet, que des tétradrachmes d'argent marqués de la tête d'autres Ptolémées avant l'avénement de Philopator. C'est ce qui résulte de la description qu'a donnée depuis le même auteur[1] d'un de ces tétradrachmes insolites où se voit l'effigie de Philadelphe. M. Fr. Lenormant prouve clairement la réalité du monnayage égyptien de Chypre, auparavant contesté, et nous fournit ainsi la clef de plusieurs difficultés chronologiques. Il explique avec une ingénieuse sagacité les monogrammes gravés sur les tétradrachmes et les bronzes des Lagides et y retrouve les noms des villes où ils ont été frappés, souvent accompagnés de celui de villes fort éloignées des premières, mais en relation commerciale avec elles. Grâce à ce travail important et où la critique n'a relevé que quelques erreurs de détail, le lecteur pourra suivre le développement graduel que prit le commerce dans les comptoirs qui couvrirent la côte de la Méditerranée, depuis la Cyrénaïque jusqu'à Aradus, et les bords de la mer Rouge depuis Pétra jusqu'à Myos-Hormos.

La numismatique de l'Égypte est un champ encore riche d'études; bien des points réclament de persévérantes investigations qu'aidera la découverte de monnaies nouvelles. On peut s'en convaincre par l'intéressante description qu'a donnée M. de Longpérier des monnaies rapportées par M. Mariette du Sérapéum de Memphis. L'éminent numismatiste nous fait connaître deux curieuses pièces en plomb offrant un spécimen de ces types tout égyptiens que Ch. Lenormant avait jadis étudiés avec succès dans le *Musée des antiquités égyptiennes*[2]. L'un de ces plombs représente Apis portant

---

[1] *Revue numismatique*, nouvelle série, t. VII, 1863. — [2] Paris, 1835-1842.

un disque entre ses cornes, et offre, au revers, l'image d'Isis debout ; sur l'autre on lit la légende *Memphis* et l'on voit une déesse debout devant Apis porté sur une *bari;* au revers est l'image d'Isis debout devant le Nil. M. de Longpérier tire de l'explication de ces deux pièces quelques éclaircissements sur la numismatique ptolémaïque, notamment en ce qui touche les monnaies frappées à Memphis [1]. La trouvaille faite à Myt-Raïnet par M. Mariette a fourni l'occasion de montrer dans la deuxième partie de cette notice la contemporanéité de diverses monnaies grecques du vi° siècle avant notre ère, résultat qui a été mis à profit par divers archéologues, et notamment par M. Brandis dans son ouvrage sur la métrologie asiatique.

Jusque dans ces derniers temps la numismatique de l'Afrique présenta des lacunes et des obscurités non moins multipliées que celles qui existaient dans la numismatique égyptienne avant les recherches que nous venons d'analyser, et cependant les monnaies de cette partie du monde ancien méritent d'autant plus notre attention qu'elles constituent presque les seuls documents que nous possédions pour diverses époques de son histoire. C'est en particulier ce qui a lieu pour la Numidie et la Mauritanie, dont M. Ad. Duchalais a étudié les médailles, en s'efforçant d'en expliquer les types, d'en déterminer les attributions, dans un mémoire inséré au tome XIX des *Mémoires de la Société des antiquaires de France.* Les types des monnaies numides et mauritaniennes présentent généralement un caractère à part, bien saisissable surtout dans deux figures que l'on y retrouve fréquemment, celles d'Hercule et de Diane. Les traits des deux divinités sont empruntés non aux mythes grecs ou latins, mais à un système d'idées visiblement tiré de la mythologie africaine. L'étude de ces types a d'autant plus d'importance que, les plus anciennes médailles de la Numidie et de la Mauritanie ne portant pas de légende, ils sont pour elles le seul

[1] *Revue numismatique,* nouvelle série, t. VI, 1861.

élément de classement. A une date moins ancienne remontent les monnaies avec légendes puniques. Malheureusement M. Duchalais, étranger aux études sémitiques, n'a pu s'en occuper : c'est là ce qui rend son travail incomplet. D'autres ont exercé sur ces légendes leur sagacité. Nous en parlerons plus loin en traitant des travaux de numismatique orientale. Les caractères puniques s'associent aux caractères latins sur les médailles de l'époque suivante. Enfin, la dernière époque est représentée par les monnaies qui portent des caractères grecs et latins. Malgré tout ce qui lui manquait, M. Duchalais, grâce à son tact numismatique et à une comparaison attentive des médailles, a pu fixer des attributions qui avaient échappé à ses devanciers. Eckhel faisait partir la suite des monnaies de l'Afrique occidentale de celles de Juba Iᵉʳ; Sestini, Mionnet et Saint-Martin crurent pouvoir remonter jusqu'à Bocchus, se fondant sur la légende BOGA ou BOGAD qui se lit sur une médaille, M. Duchalais prouve que cette monnaie n'appartient pas au beau-père de Jugurtha, mais à l'ennemi de Juba Iᵉʳ, Bogud, roi de la Mauritanie. Ce fait a été acquis à la numismatique africaine.

La Cyrénaïque est la seule province de l'Afrique qui ait subi puissamment l'influence hellénique, et voilà ce qui rattache sa numismatique à celle de la Grèce. Jusque vers le milieu de ce siècle, on n'avait pu réunir un nombre suffisant de ses monnaies pour en tenter une classification générale. La riche moisson que fit sur le sol de cette province un agent consulaire français, M. Vattier de Bourville, vint combler partiellement cette regrettable lacune. En examinant les médailles nouvellement découvertes, M. Duchalais réussit à éclairer quelques points. Il reconnut notamment qu'on avait attribué à tort à Cardia, en Thrace, des pièces d'argent qui appartenaient à la Cyrénaïque[1]; il constata sur plusieurs de ces monnaies l'image du *silphium*, objet d'un commerce si important chez les anciens, et il apporta par là un document de plus à l'histoire de cette plante

---

[1] *Revue numismatique*, t. XV, 1850.

dont la détermination a exercé la curiosité des érudits. Peu auparavant elle avait été l'objet des recherches approfondies d'un savant professeur, M. A. Macé, dans une intéressante Notice sur les voyageurs modernes dans la Cyrénaïque[1], et nous aurons encore à en parler à propos du célèbre vase de Cyrène représentant le roi Arcésilas IV.

Depuis les premiers efforts de M. Duchalais, le même numismatiste danois auquel nous devons le beau travail sur les monnaies d'Alexandre signalé plus haut, M. L. Müller, a entrepris sur l'ensemble des monnaies de l'Afrique un travail complet qui a fait sortir cette branche de la science des essais imparfaits auxquels elle en était encore réduite. Son ouvrage, publié en français, embrasse les monnaies de la Cyrénaïque, celles de la Zeugitane, celles de la Mauritanie et de la Numidie. Pour l'interprétation des légendes puniques que M. Duchalais n'avait pu aborder, l'antiquaire danois fait usage des travaux qu'avaient préparés ses deux compatriotes, MM. Falbe et Lindberg. Nous n'avons point à parler ici de cette partie de son œuvre; elle se rattache à la numismatique orientale, dont il sera traité plus loin; nous dirons seulement que tout ce qui touche aux monnaies anépigraphes, à l'étude des types, à la chronologie des monnaies africaines, notamment de celles de Carthage et de Cyrène, classées jusqu'à M. Müller un peu au hasard, est traité de la manière la plus satisfaisante. Les monnaies qui datent de la domination romaine sont décrites avec autant de soin que de sagacité. Ce n'est pas que l'auteur ait dissipé toutes les obscurités, mais il n'en laisse subsister qu'un petit nombre, et tel qu'il est composé, son ouvrage fait faire un pas considérable à la numismatique africaine.

La numismatique de l'Italie méridionale, étant d'origine tout hellénique, ne constitue à certains égards qu'une subdivision de la numismatique grecque; mais elle se lie par un autre côté à la nu-

---

[1] *Revue archéolog.* 15 juin et 15 septembre 1847.

mismatique romaine et à celle de l'Italie centrale, et voilà ce qui
en fait une branche à part de la science des médailles antiques. On
ne saurait l'aborder dans sa généralité, sans toucher au difficile
problème des origines de la monnaie romaine, que les antiquaires
du siècle dernier avaient laissé sans solution. Aussi, dans presque
tous les ouvrages et les mémoires ayant trait à la numismatique
italique qui ont paru depuis un quart de siècle, trouve-t-on
abordée la question des rapports du monnayage romain et du
monnayage de la Grande-Grèce, de la Campanie surtout. Des
découvertes nouvelles sont venues à diverses reprises modifier les
résultats obtenus, et plusieurs fois le problème a dû être posé de
nouveau, après qu'on s'était imaginé l'avoir résolu. Les numismatistes français ont pris une part importante à ces recherches ; c'est
cette part qu'il nous faut résumer ici.

L'attention fut naturellement ramenée sur les monnaies de Capoue par les fouilles qu'on exécuta dans cette ville, il y a vingt ans
environ, fouilles auxquelles nous devons une si belle collection de
vases. Voilà comment Raoul Rochette, qui consacra à un exposé
de ces fouilles une suite d'articles dans le *Journal des Savants* de
1853, y a traité de la numismatique de Capoue. Après avoir
rappelé les données auxquelles on s'était arrêté avant lui, il essaye
d'éclaircir les points demeurés douteux. Les médailles de Capoue
sont peu communes, et c'est là une des causes de l'état d'imperfection
où est restée longtemps la numismatique de cette ville. En passant
en revue les séries qui la composent, Raoul Rochette y rattache
un ensemble de médailles dont la légende dénote une provenance
campanienne, mais qu'on ne peut encore assigner avec une entière
certitude à Capoue.

Mettant à profit les divers travaux sur les médailles de l'Italie
méridionale dus à d'habiles antiquaires, notamment à Millingen,
Cavedoni, Friedländer, un numismatiste français qui réside à Naples,
M. L. Sambon, a entrepris de nous donner de ces médailles une description aussi complète que possible. Tel est l'objet du livre qu'il a

publié dans cette ville en 1863[1]; il y propose une classification
fort supérieure à celles qui avaient été antérieurement adoptées.
Ce livre commence par des notions générales sur la classification,
la nomenclature et les caractères propres des monnaies de l'Italie
méridionale. En tête de la description des monnaies de chaque pays
et de chaque ville, l'auteur a placé une notice historique composée
avec soin. Aux pièces déjà connues, il en joint un grand nombre
d'inédites; chaque catégorie de monnaie est indiquée avec son poids
et sa dénomination. Cette description est suivie de considérations
sur la nature et l'usage probable des types. On remarque surtout
dans le livre de M. L. Sambon des observations neuves touchant
l'influence exercée par les flottes athéniennes sur le monnayage des
contrées méditerranéennes. On aurait aimé à rencontrer réunies à
ces mérites une critique plus exercée, une connaissance plus approfondie de la signification des types. Mais on ne doit pas oublier
que le but de l'auteur était simplement de donner une classification.
Pour traiter sous tous les aspects la numismatique italique, il aurait fallu pénétrer dans des questions d'histoire et se livrer à une
longue suite d'investigations qui auraient peut-être distrait M. Sambon de son objet principal. Ainsi que le dit ce numismatiste, les
monnaies de l'Italie méridionale embrassent trois catégories représentant trois époques distinctes et marquées par trois ordres de
légendes : les grecques, les osques et les latines. Sous le rapport du
système monétaire, ces monnaies dérivent les unes du système grec,
ayant pour base la drachme d'argent et ses divisions, les autres du
système romain de l'as de bronze. D'où il suit que c'est en Grèce
qu'il faut aller chercher le prototype des monnaies d'argent de
l'Italie méridionale. Dès l'époque de Solon, c'est-à-dire tout au commencement du vi[e] siècle, la monnaie d'argent existait déjà chez les
Athéniens, et avec la destruction de Sybaris, en 510 avant Jésus-
Christ, a dû cesser le monnayage des pièces incuses de cette ville;

---

[1] *Recherches sur les anciennes monnaies de l'Italie méridionale.*

ce qui fait remonter les plus anciennes monnaies frappées dans l'Italie méridionale aux premières années du viie siècle.

L'origine du système de l'as et la date de ses diverses modifications est un problème des plus obscurs qu'on a fort agité depuis un quart de siècle. Déjà en 1839, les PP. Marchi et Tessieri, dans un ouvrage qui fit époque[1], l'avaient abordé. Leurs recherches embrassent les diverses parties de l'Italie où ce système de monnayage était en usage; mais les savants jésuites laissèrent de côté des points importants et ne se préoccupèrent ni de la variété des fabriques, ni de la différence des styles. Les premiers, ils émirent l'opinion que, malgré l'assertion contraire de Pline, plusieurs réductions légales devaient avoir eu lieu entre l'as *libral*, c'est-à-dire l'as pesant juste une livre, et l'as *sextantaire*, c'est-à-dire ne pesant plus que deux *sextans;* ils n'essayèrent point toutefois de déterminer le nombre et l'époque des réductions opérées.

Dans un travail publié en 1844, par la Revue numismatique[2], Ch. Lenormant, adoptant les vues des PP. Marchi et Tessieri, essaya de faire faire un nouveau pas à la question. Suivant lui, Pline a rapporté fort inexactement la révolution économique qui réduisit la valeur de l'as du poids d'une livre à celui de deux sextans, en nous la représentant comme ayant été un changement brusque. En effet, les monuments numismatiques contredisent son assertion; ils accusent une décroissance progressive depuis l'*æs moulé* jusqu'aux as frappés, le poids de ces derniers dépassant de très-peu celui de deux sextans d'ancienne fabrique. Le savant archéologue explique d'une manière fort ingénieuse et très-vraisemblable les causes qui ont amené cette révolution. La vie ayant notablement renchéri dans Rome à l'époque de la conquête de la Grande-Grèce, il en résulta qu'on ne put plus obtenir que pour une pièce d'argent ce qui antérieurement se payait d'un

---

[1] *L'æs grave del museo Kircheriano.*

[2] *T. IX. Recherches sur les époques et les causes d'émission de l'æs grave en Italie.*

poids de bronze; dès lors on comprit qu'il n'y avait aucun inconvénient à réduire l'as à un poids très-faible, la monnaie de bronze ne devant plus servir qu'à faire l'appoint de celle d'argent, sur laquelle se basa désormais tout le système monétaire. Ch. Lenormant remarque qu'il existait dans l'Italie moyenne, aux premiers temps de la république, une disproportion énorme entre la quantité d'argent en circulation, laquelle était très-faible, et la masse de bronze monnayé, qui était au contraire considérable. Les relations commerciales n'avaient point modifié cet état de choses: c'est seulement à la suite de la guerre dont la conséquence fut la soumission de l'Italie entière que Rome se mit, sous le rapport du monnayage, sur le même pied que l'Italie méridionale, où la monnaie d'argent était depuis longtemps en usage. L'énorme butin fait sur Tarente, la plus opulente des républiques de la Grande-Grèce, amena surtout ce résultat, et la secousse qui s'ensuivit fut assez rapide et assez violente pour réduire tout à coup l'*as grave* à une valeur qui le rendit peu différent de la monnaie d'appoint circulant dans les villes helléniques.

Ch. Lenormant a été conduit à ces vues, en cherchant à s'expliquer comment, à Capoue et dans les villes grecques de l'Italie méridionale soumises à l'autorité romaine, avait pu subsister un monnayage d'argent basé sur un rapport des métaux très-différent de celui qui était adopté à Rome, et comment dans cette ville même, ainsi que cela nous est rapporté par Festus et attesté par d'autres témoignages, avaient pu être reçues comme monnaies, à côté de grossiers as de bronze, des espèces d'or et d'argent ne rentrant en aucune façon dans le système tout romain de l'as. Le travail de Ch. Lenormant, reproduit par lui dans son introduction à l'*Élite des monuments céramographiques*[1], est loin sans doute d'avoir dissipé les obscurités de l'histoire des premiers temps du monnayage romain, mais il a établi quelques données capitales. Repoussé par

---

[1] T. I, Introduction.

d'autres antiquaires, comme on le verra plus loin, le système de l'auteur, s'il implique certaines conséquences difficiles à admettre, a du moins fait faire un pas à la solution d'un problème qui avait laissé le grand Eckhel incertain et troublé.

La question de l'as et de ses divisions en usage dans les diverses parties de l'Italie, de la date à assigner aux exemplaires que nous possédons, traitée avec étendue par Ch. Lenormant, a été reprise par M. L. Sambon dans l'ouvrage que nous signalions plus haut. Ce numismatiste fait observer que les savantes recherches poursuivies avant lui n'ont pu résoudre les principales difficultés du problème, faute de données exactes sur le poids des monnaies; l'ignorance de ce poids n'a pas permis d'établir d'une manière sûre leur valeur, et conséquemment de déterminer les noms portés par les fractions de la drachme et de l'obole. Un des éléments auxquels on peut avoir recours avec le plus de confiance pour la chronologie des monnaies italiques, est la forme des lettres adoptée dans les légendes. Cette donnée n'est pourtant pas aussi précise qu'on l'avait d'abord supposé. Ainsi, l'abandon des caractères archaïques et l'introduction des lettres nouvelles au siècle de Périclès semblaient pouvoir fournir un point de repère fixe. M. Sambon a montré que cette règle ne saurait être appliquée d'une manière absolue, car les monuments viennent chaque jour en infirmer la généralité. Les lettres longues H et Ω ont été employées, surtout chez les Ioniens, avant l'archontat d'Euclide (403 avant J.-C.), époque de leur introduction dans l'écriture officielle d'Athènes.

Pour dissiper toutes les obscurités qui environnent les débuts de la monnaie en Italie et les révolutions que le système monétaire a traversées, il faut réunir un ensemble de données de nature fort diverse et ne pas reculer devant les investigations les plus minutieuses et les plus étendues. C'est ce qu'a fait un illustre érudit allemand dont les travaux ont conquis parmi nous une juste popularité, M. Th. Mommsen. Par une étude approfondie et comparative des systèmes monétaires de la Grèce et de Rome, une connaissance plus complète et une discussion plus sévère des textes, il est parvenu, dans son *Histoire de la monnaie romaine*, à éclaircir et à enchaîner les différents faits qui constituent l'histoire du monnayage romain durant toute la durée de son existence. Nous n'aurions pas à parler de son livre, que ne peut revendiquer la science française, si, grâce à la traduction de M. le duc de Blacas, enrichie de notes excellentes, il n'avait pris place parmi nos classiques en archéologie[1]. On ne saurait d'ailleurs bien saisir les idées des numismatistes français qui sont arrivés à des résultats différents de ceux de M. Mommsen, sans connaître préalablement les traits principaux de la doctrine de celui-ci.

L'auteur allemand, suivant les développements progressifs du système monétaire en Italie, expose l'histoire de la monnaie dans cette presqu'île, parallèlement à l'histoire générale du développement de la cité romaine. Il examine quel fut le monnayage à l'époque qui précéda la réunion de l'Italie sous le sceptre de Rome, ainsi que les divers systèmes monétaires de chacune des diverses parties de l'Italie. Comme Ch. Lenormant, il constate le cours simultané dans les États soumis à l'autorité romaine de monnaies établies dans le système de la drachme et de monnaies reposant sur le système de l'as. La ville de Capoue, qui frappait des monnaies d'argent d'après le système hellénique et d'une exécution bien supérieure à celle des monnaies romaines, conserva le droit de monnayage comme une des conséquences de cette autonomie apparente qui lui fut laissée, quand ses habitants obtinrent le droit de cité romaine. Il en résulta que les monnaies des deux pays, le Latium et la Campanie, les as et onces, d'une part, les didrachmes et *litræ*, de l'autre, y durent circuler à la fois. C'est ce qu'attestent des dépôts de monnaies italiques découverts depuis quelques années, notamment à Vicarello. Mais il ne faut pas l'oublier, les monnaies d'ar-

[1] *Histoire de la monnaie romaine*, par Th. Mommsen, traduite de l'allemand par le duc de Blacas. in-8°. t. I; Paris. 1865.

gent campaniennes n'étaient reçues à Rome que comme monnaies étrangères, et elles étaient grevées comme telles d'un agio onéreux.

M. Mommsen établit par un ensemble de preuves que la monnaie de cuivre proprement dite a été introduite à Rome sous les décemvirs, et il en place conséquemment l'origine à peu près à la date qu'avait adoptée Ch. Lenormant dans les recherches analysées plus haut et dont celui-ci a fait une ingénieuse application à la chronologie des monuments d'un autre art[1].

Le système de monnayage établi par les décemvirs est connu des antiquaires sous le nom de système de l'*æs grave* ou de l'*æs libral*. M. Mommsen en suit les vicissitudes et nous le montre adopté dans un certain nombre de villes voisines ou alliées de Rome. Toutefois les as italiques ne sont pas identiques à ceux de Rome; leurs subdivisions reposent sur le système décimal, tandis que dans Rome le système de division duodécimale prévalait. L'auteur allemand déduit le système monétaire des Romains de ceux qui avaient eu cours auparavant et remonte à leur source; il se livre à de nombreux calculs pour fixer les rapports de valeur entre les différents métaux dans les monétisations romaine et étrangères, et il ramène ces divers rapports à une valeur relative commune qu'il nous montre avoir dû résulter des relations internationales. « C'est avec un véritable étonnement, écrit un numismatiste français, M. le baron d'Ailly[2], qui repousse pourtant une partie de ces idées, que l'on suit M. Mommsen dans l'étude pleine d'érudition à laquelle il se livre sur des bases si variées de valeurs dans les diverses monétisations, et l'on ne peut s'empêcher d'admirer le vaste coup d'œil dont il a su embrasser la concordance de ces nombreux systèmes, en même temps que l'art avec lequel il est parvenu à un résultat uniforme bien que composé d'éléments différents. » Si l'illustre érudit allemand a pu quelquefois se faire illusion sur les conséquences des rapports monétaires qu'il a si laborieusement démêlés, s'il a mon-

---

[1] *Élite des monuments céramographiques*, t. I, Introduction.

[2] Baron d'Ailly, *Monnaies romaines*, Prolégomènes.

tré trop de confiance dans les ouvrages spéciaux de numismatique dont il a fait usage et s'il n'a pas assez manié les monnaies dont il traite, on ne peut nier pourtant qu'en thèse générale ses aperçus ne soient pleins de justesse et les résultats de ses investigations considérables. Espérons que le public français ne sera pas privé de la traduction du second volume de l'Histoire de la monnaie romaine, où M. le duc de Blacas, si prématurément enlevé à la science, a su répandre une clarté que n'offre pas toujours l'original.

La chronologie des monnaies de la république est un des points auxquels M. Mommsen s'est le plus soigneusement attaché et où les résultats auxquels il a été conduit paraissent les plus concluants. Prenant pour guide les travaux de Cavedoni, qu'il rectifie parfois avec succès, faisant usage des publications où des antiquaires plus versés que lui dans la pratique des médailles nous donnent la description d'une foule de pièces, et interrogeant les dépôts de deniers retrouvés depuis peu en Espagne, et que le premier il a signalés au monde savant, il a traité en maître, on peut le dire, cette question de l'*as grave* et des débuts de la monnaie romaine, où les plus fortes armes de la critique antérieure s'étaient souvent émoussées.

Les idées auxquelles est arrivé M. Mommsen ne s'accordent pas de tout point avec celles auxquelles se sont arrêtés des numismatistes français en possession d'une légitime autorité. Plusieurs ont fait remonter beaucoup plus haut que lui l'origine de la monnaie romaine. M. le duc de Luynes en a reporté le berceau jusqu'au temps des rois. Dans une dissertation pleine d'érudition et qui dénote une étude approfondie des médailles, il s'est efforcé d'établir que les Romains avaient eu dès cette époque une monnaie d'argent[1]. Il croit en avoir retrouvé deux exemplaires dont il donne la description et la figure, et qui seraient, si son opinion est fondée, les deux plus anciens deniers romains connus. Ces monnaies portent, l'une au droit et l'autre au revers, l'image d'une truie ; sur

<hr>

[1] *Le nummus de Servius Tullius*, *Revue numismatique*, nouvelle série, tome IV. 1859.

l'une on lit le mot *Valentia*, l'ancien nom de la ville éternelle, sur l'autre celui de *Rome*. Si vraiment ces médailles datent de l'époque que M. le duc de Luynes leur assigne, il faut supposer que l'emploi de la monnaie d'argent avait été aboli dès les premiers temps de la république, en vertu d'une réforme somptuaire analogue à celle dont les Lacédémoniens nous ont laissé un exemple, et qu'elle ne reparut que deux siècles plus tard, puisque les témoignages de Tite-Live et de Pline nous apprennent que l'argent ne fut pas monnayé à Rome avant la défaite de Pyrrhus. Ce système, si contraire à celui de M. Mommsen, malgré le savoir que son auteur a déployé pour l'établir, soulève des objections graves tirées de considérations paléographiques très-sérieuses : il a été repoussé à certains égards par le savant métrologiste Queipo[1], qui rapporte à la Sicile les monnaies dont M. le duc de Luynes place la fabrication sous Servius Tullius; mais il a été pleinement adopté par M. le baron d'Ailly dans son ouvrage intitulé : *Recherches sur la monnaie romaine depuis son origine jusqu'à la mort d'Auguste*[2]. Avec le duc de Luynes, M. d'Ailly admet qu'il exista, à dater de Tarquin l'Ancien, un *numus* royal frappé à l'aide du coin et qui cessa d'être en usage vers l'an 245. Suivant lui, il est hors de doute que la monnaie de bronze ait apparu à Rome au temps de Servius Tullius, c'est-à-dire de l'an 176 à l'an 189 de la ville. Il pense que les Romains puisèrent chez leurs voisins l'idée de leur monnaie de bronze, et qu'ils adoptèrent, à l'instar des nations cisapennines, le système duodécimal des divisions de l'as. C'est encore là une doctrine différente de celle de M. Mommsen. M. d'Ailly oppose à l'opinion de celui-ci, qui ne fait commencer la monnaie qu'avec le décemvirat, des objections d'un certain poids. Cette divergence de systèmes entre le savant allemand et le numismatiste français se reproduit sur d'autres points. Il y a encore lieu de se demander si l'*æs rude* romain, ce morceau de métal brut fondu, sans forme ré-

---

[1] *Revue numismatique*, 1861. Lettre à M. de Longpérier. — [2] T. I, in-4°; Lyon. 1864.

gulière et sans type, dont l'emploi avait précédé celui de l'*as grave*,
qui se fractionnait suivant le besoin et se pesait dans la balance,
était aussi une imitation de ce que pratiquaient les Latins.

M. d'Ailly, qui possède une grande connaissance pratique des
monnaies, a retracé non-seulement l'histoire des variations du système monétaire, mais encore celle de la fabrication des pièces.
Il nous montre que l'*as grave*, monnaie de forme régulière et portant un type obtenu à l'aide d'un moule dans lequel était coulé le
métal fondu, suffit pendant des siècles aux transactions des peuples
du Latium. Plus tard, le bronze fut frappé au moyen du coin. Quant
à l'argent, l'or et l'électrum, ils furent à Rome transformés en monnaie exclusivement au moyen de la frappe. Les monnaies de plomb
ne se rencontrent qu'exceptionnellement; leur type est conforme à
celui du bronze, mais on ignore si elles sont sorties des ateliers
de l'État, qui suppléait provisoirement par l'emploi du plomb à
la pénurie des autres métaux, ou si elles sont le produit d'une fraude
remontant aux temps antiques.

Pour suivre les vicissitudes de la monnaie, M. d'Ailly a dû revenir sur la question si controversée de la valeur de l'as, de ses
multiples et de ses fractions, rechercher les réductions légales que
son poids a subies, et conséquemment aborder la plupart des points
déjà traités par M. Mommsen. En ce qui touche le système monétaire de l'or, de l'argent et de l'électrum, le numismatiste français
n'adopte pas les vues présentées par Ch. Lenormant dès 1844,
vues dont nous avons déjà dit quelques mots. Il nous est impossible
de porter au sujet de ces divergences un jugement définitif. Il y
a là des questions sur lesquelles un jour complet ne s'est point
encore fait. Mais quoi qu'il en soit du point de départ de la monnaie romaine, la chronologie relative des espèces, telle qu'elle est
établie dans l'ouvrage de M. d'Ailly, n'en gardera pas moins son
exactitude. Les descriptions qu'il nous donne sont des plus satisfaisantes, et par ce côté son livre mérite une place importante entre
les ouvrages qui auront contribué à nous mieux faire connaître la

numismatique romaine. L'auteur s'est proposé de donner la suite complète des monnaies émises par l'atelier de Rome jusqu'à la mort d'Auguste, époque à laquelle cessa, suivant lui, ce qu'on peut appeler la forme du gouvernement républicain. Les monnaies frappées à Rome durant cette longue suite d'années sont réparties par M. d'Ailly en deux périodes bien distinctes : 1° celle de l'*as grave*, qui dure jusqu'en 485 ; 2° le régime du denier, qui, de cette époque, s'étend jusqu'à Auguste.

Ce n'est pas dans des ouvrages tels que ceux de M. Mommsen et de M. le baron d'Ailly qu'il faut aller chercher une description complète des anciennes monnaies romaines ; ces auteurs ne s'attachent qu'à celles qui peuvent éclairer leur sujet. Mais d'autres numismatistes se sont occupés de compléter et de rectifier les descriptions de ce genre que nous possédions déjà, et de combler les lacunes de la période appelée longtemps fort improprement celle des *médailles consulaires*. La connaissance raisonnée et chronologique de ces médailles occupait les antiquaires dès la fin du XVIIe siècle, et elle a été comme l'école à laquelle s'est formée la critique numismatique. Depuis quarante ans, c'est surtout aux archéologues italiens que nous sommes redevables des travaux qui ont renouvelé cette branche de la numismatique romaine. Dès 1829, un savant singulièrement familiarisé avec les monnaies de cette époque, Cavedoni, frappé de ce qu'offrait encore d'imparfait leur classification, commença la publication d'une série de dissertations où étaient examinées diverses questions relatives à leur étude et qui ont été de précieux guides pour les savants qui suivirent sa trace. Par les investigations les plus persévérantes, il réussit à fixer les dates demeurées jusqu'alors incertaines d'un grand nombre de monnaies qu'on avait avant lui confusément groupées. Un autre antiquaire italien, B. Borghesi, a rendu à cette même branche de la numismatique des services non moins éclatants, et nous devons d'autant moins les passer sous silence, que c'est grâce à la France, grâce à la libéralité de l'Empereur, que ses écrits, disséminés en une foule de recueils et d'opuscules, ont été réunis et mis à la disposition de tous. Une commission de savants français et étrangers, présidée par M. Léon Renier, a commencé une édition complète des œuvres de Borghesi, enrichie de notes destinées à la mettre au niveau de nos connaissances actuelles. Dans les dix-sept décades numismatiques et les nombreuses notices qu'il a données depuis, l'illustre antiquaire de Saint-Marin s'est principalement attaché aux espèces émises du temps de la république. La chronologie des monnaies de ces temps reculés, l'examen du nom et de la famille des magistrats qui les ont fait frapper, sont déduits avec l'érudition et la sagacité auxquelles les autres œuvres du même auteur nous ont accoutumés. Borghesi a rectifié des erreurs généralement accréditées avant lui et proposé des opinions nouvelles dont le temps a démontré la solidité; mais il n'a abordé que certaines questions de la numismatique romaine. Pas plus que Cavedoni il ne s'est proposé de donner sur les monnaies de la république un grand travail d'ensemble, tel que celui qu'on a dû depuis à un numismatiste français. Disons pourtant qu'un savant italien, M. Riccio, avait ouvert la voie par un livre qui présente un tableau complet de cette numismatique, et c'est en se servant de son travail, en rectifiant et complétant ses indications, en y ajoutant le fruit de ses propres études dans les principales collections publiques et privées de l'Europe, que M. H. Cohen a pu composer le meilleur ouvrage descriptif sur cette matière qui ait encore paru[1]. Sentant tout ce qu'il y avait à refaire dans l'ouvrage du numismatiste napolitain, mais ne pouvant accorder à son œuvre une étendue qui l'eût rendue d'un accès moins facile, M. Cohen a évité de donner toutes les séries des monnaies de bronze, pour lesquelles Riccio est d'une extrême abondance, et c'est le seul côté par lequel son catalogue puisse n'être pas considéré comme complet. Pour les monnaies d'argent, il n'a rien omis, ou à peu près. Ce qui ajoute

---

[1] *Description générale des monnaies de la république romaine communément appe-* lées *médailles consulaires*, in-4°. 75 pl. Paris, 1857.

un prix tout particulier à son livre, c'est la perfection des planches qui l'accompagnent et qui sont l'œuvre d'un habile artiste, M. Léon Dardel. Les monnaies représentées ont toutes été dessinées d'après les originaux ou sur des empreintes. M. Cohen s'est moins attaché à nous offrir un travail d'érudition qu'une description claire, sobre, précise. Les éclaircissements qu'on serait tenté de chercher dans son ouvrage sur les divinités, sur les signes et les abréviations, sur l'histoire des familles romaines, y font défaut, ou le peu qu'on en trouve n'est pas toujours en rapport avec les progrès de la science.

Attaché au cabinet impérial des médailles, M. Cohen s'est surtout préoccupé de la classification et de la chronologie, et il y a apporté un tel soin qu'on n'y saurait découvrir que de fort rares inexactitudes, qu'un très-petit nombre de ces attributions mal fondées dont les traités numismatiques réputés les plus parfaits ne sont pas exempts. Il est toutefois regrettable que l'auteur ait négligé d'indiquer le poids des monnaies, car c'est par la considération du poids que l'on parvient souvent à déterminer d'une manière au moins approximative l'âge d'ailleurs si peu certain d'une foule de médailles de familles romaines. M. Cohen n'a pas non plus jugé à propos de faire connaître *in extenso* les signes monétaires distinctifs des diverses émissions de monnaies au même type, dont il ne présente qu'un aperçu très-bref tant dans son texte que sur ses planches.

On le voit, l'ouvrage de M. H. Cohen ne remplacera pas complétement celui de Riccio; mais en le lisant, on apprendra à se servir avec plus de prudence du travail de ce savant, qu'il dépasse ou rend même inutile sous d'autres rapports. Pendant longtemps le livre de M. Cohen demeurera, nous le croyons, le guide le plus sûr et le mieux fait pour se reconnaître dans la détermination délicate, le classement si souvent épineux des monnaies de la république. D'ailleurs l'auteur améliorera certainement son ouvrage dans une édition nouvelle, puisqu'il poursuit ses études sur cette branche de la numismatique, relevant toutes les découvertes, toutes les données qui peuvent compléter sa description générale[1].

A côté de ce grand travail, les médailles des familles romaines ont été l'objet en France de quelques travaux particuliers que nous ne devons pas passer sous silence. Ch. Lenormant, dans une dissertation pleine d'intérêt, sur les deniers romains de L. Valerius Acisculus, a montré que les types variés de ces deniers offrent tous une allusion positive au nom de Valerius, et s'expliquent sans exception par les fables qu'ont racontées les anciens sur l'origine de la famille Valeria; le petit marteau gravé sur toutes ces pièces rappelle, d'autre part, le surnom d'Acisculus. Dans un Mémoire sur le géant Valens, inséré, comme cette dissertation, dans la Revue numismatique[2], M. J. de Witte a fait voir par d'autres rapprochements combien d'éclaircissements la connaissance des mythes italiques peut fournir à l'interprétation des monnaies romaines.

Le livre où M. H. Cohen décrit, ainsi que nous venons de le montrer, les médailles de la République, n'est en réalité que la première partie de l'ouvrage plus étendu encore où le même numismatiste embrasse l'ensemble du monnayage de l'empire romain. Mionnet, dans son livre devenu classique : *De la Rareté et du Prix des médailles romaines*, ne s'est attaché qu'aux raretés, il a le plus souvent négligé de donner la description du droit des monnaies impériales qu'il signale, et c'est en termes trop concis et quelquefois inexacts qu'il décrit les sujets gravés au revers. M. H. Cohen a entrepris de refaire d'une manière plus complète et plus sévère l'œuvre que n'avait qu'ébauchée son devancier, et tel est l'objet de son grand ouvrage intitulé: *Description historique des monnaies frappées sous l'empire romain, communément appelées médailles impériales*[3]. L'auteur s'attache à nous faire connaître avec la dernière rigueur les caractères des diverses monnaies impériales, de toutes

[1] Voyez notamment la notice de M. H. Cohen *Sur sept médailles romaines* (*Revue numismatique*, nouv. série, t. V, p. 359).

[2] T. XIV, 1849, p. 325.

[3] Paris, 1859-1862, 6 vol. in-8°.

celles du moins qu'il a rencontrées dans les riches collections tant publiques que particulières de Paris, de Londres, de Vienne, dans les recueils numismatiques les plus répandus et les plus accrédités. La méthode de classement qu'il a adoptée est celle de Mionnet; bien qu'elle ait déjà plusieurs fois soulevé des critiques, elle est encore estimée la plus commode et la plus pratique par des numismatistes expérimentés tels que M. P. Dupré[1]. Si M. Cohen a cru devoir à cet égard s'en tenir aux anciens errements, s'il range par ordre alphabétique les légendes des revers, il ne néglige pas toutefois absolument l'ordre chronologique, et il a soin, après avoir décrit chaque pièce, d'en indiquer la date, soit qu'elle en porte l'indication positive, soit qu'il la fixe par approximation. Le motif qui a déterminé l'auteur à procéder ainsi est la nature du public auquel il s'adresse; car, nous le répétons, il a composé son livre plus pour l'usage des amateurs qu'à un point de vue scientifique; aussi, à l'exemple de Mionnet, son devancier, s'attache-t-il à noter les prix pour toutes les médailles qu'il a vues, prix évalués d'après ceux qui ont été payés dans les ventes faites depuis quelques années à Paris et à Londres.

Dans son introduction, l'auteur traite de la valeur et du poids des monnaies impériales d'or, d'argent et de bronze, des médaillons, des tessères, des monnaies incuses et de celles qui présentent des contre-marques. Quant aux monnaies de bronze, il est à regretter que M. Cohen n'ait pas eu connaissance des savantes et judicieuses observations de l'illustre Borghesi sur cette matière, notamment de celles qui nous apprennent pourquoi certaines pièces ont été contre-marquées. La contre-marque mise par autorité publique sur une ancienne monnaie était un signe attestant que cette monnaie, bien qu'usée, continuait pourtant d'être prise pour son poids légal. M. Cohen a été conduit à une explication un peu différente; il regarde les contre-marques comme destinées à

---

[1] *Observations sur la classification des médailles antiques des gens consulaires et impériales*, dans la *Revue numismatique*, t. XIV, p. 19.

confirmer la valeur des monnaies émises antérieurement, soit à l'occasion d'un changement de gouvernement, de l'avénement d'un nouvel empereur, soit pour avoir cours hors de Rome. Le numismatiste français s'éloigne également de l'opinion de Borghesi en ce qui touche le caractère originaire des médaillons; il les croit exécutés dans le but de fournir une preuve de l'habileté des artistes chargés de graver les coins destinés aux officines monétaires. Borghesi, avec Eckhel, pense au contraire que les médaillons servaient de dons, à l'occasion des fêtes et des jeux sacrés, ou pouvaient être soit des décorations, soit des récompenses militaires.

M. Cohen a conduit sa description des monnaies des empereurs jusqu'à la fin de l'empire d'Occident. Le même artiste qui avait enrichi de si belles planches son ouvrage sur les monnaies consulaires a dessiné celles non moins parfaites qui servent à l'intelligence de son second ouvrage.

Après avoir signalé les œuvres d'ensemble dont la numismatique impériale a été l'objet, parlons des recherches dirigées sur des points spéciaux. Nous sommes ici en présence d'une multitude de notices et de mémoires. Nous ne pouvons nous arrêter que sur les plus importants, et nous nous bornerons à rappeler les noms de savants consciencieux et zélés, tels que M. le marquis de Lagoy, M. le baron Chaudruc de Crazannes, M. le docteur A. Colson, M. Géry, auxquels on doit d'intéressantes notices sur diverses médailles de cette série. M. J. Sabatier, dont nous aurons occasion de rappeler plus loin un estimable travail, nous a donné une bonne description de quelques monnaies inédites romaines, grecques et coloniales de l'époque impériale[1], que nous devons spécialement mentionner.

Le monnayage sous l'empire romain fut si étendu et si divers, il accuse des révolutions si multipliées, il fournit l'effigie de tant de personnages, qu'il n'y a pour ainsi dire pas de fait un peu célèbre que les médailles de cette période ne nous rappellent.

<hr>

[1] *Revue numismatique*, nouvelle série, t. VI, 1861.

A la mort de Néron, le sénat romain tenta de ressaisir l'autorité, et entre autres prérogatives dont il reprit possession, il faut noter le droit de faire battre la monnaie d'or et d'argent, qui, depuis Auguste, demeurait exclusivement attribué à l'empereur, cette assemblée n'ayant alors que celui de faire frapper des monnaies de bronze, d'où la célèbre sigle S. C. que portent durant cette période les monnaies de ce métal. La tentative du sénat nous est attestée par les types d'un sens tout républicain que portent les monnaies d'or et d'argent, au moment où, fatiguée de la tyrannie dont Néron avait comblé la mesure, l'illustre assemblée s'efforçait de faire revivre l'ancienne liberté. C'est à M. le duc de Blacas qu'on doit la connaissance de ce fait curieux. Il a fixé l'origine des médailles à types insolites, avant lui vaguement désignées sous le nom générique de *médailles autonomes* et attribuées les unes à Auguste, les autres à Galba et à Vitellius[1].

Cavedoni, en adoptant les vues de M. le duc de Blacas, les a sanctionnées de sa haute autorité numismatique; elles ont aussi trouvé leur confirmation dans les recherches de M. J. de Witte, qui nous a signalé plusieurs pièces nouvelles de la même série[2]; celle-ci, comme il nous l'apprend, ne se termine pas à l'interrègne dont la mort de Néron fut suivie; des pièces avec des types analogues ont été frappées sous Trajan, le seul des empereurs romains qui se soit plu à faire revivre les emblèmes de l'ancienne liberté.

L'histoire monétaire de divers empereurs et princes de la famille impériale a été éclairée par des travaux spéciaux. En 1862, M. de Longpérier, dans une *Notice sur quelques médailles de Marcus Vipsanius Agrippa*[3], a corrigé des erreurs auxquelles avait donné lieu l'inintelligence de plusieurs des médailles de ce grand homme. Quelques années auparavant, M. J. de Witte nous faisait connaître

---

[1] *Essai sur les médailles autonomes romaines de l'époque impériale (Revue numismatique, nouvelle série, t. VII, 1862).*

[2] *Lettre à M. le duc de Blacas (Revue numismatique, nouvelle série, t. X, 1865)*

[3] *Revue numismatique, nouvelle série, t. VII, 1862.*

d'intéressantes monnaies inédites d'Auguste, de Caligula, de Domitien, de Dioclétien[1]. L'examen de médailles attribuées au père de l'empereur Trajan a conduit M. A. Deville à admettre que celles où se lit la légende *Trajanus pater* ont été fabriquées par ordre d'Hadrien[2]. Ce numismatiste a développé son opinion dans une dissertation riche de faits où il a cru pouvoir soutenir en outre que le portrait supposé de Trajan père n'est autre que celui de son fils; mais cette hypothèse a été repoussée par M. de Longpérier, qui a fait ressortir l'insuffisance des raisons alléguées par M. Deville. On n'est donc point autorisé à retrancher le portrait de Trajan père de la série iconographique romaine.

Une effigie dont s'est avec plus de certitude enrichie l'iconographie impériale, est celle de la mère de Marc-Aurèle, Domitia Lucilla, que M. de Longpérier a retrouvée avec beaucoup de sagacité sur une médaille de Nicée, en Bithynie[3].

Il est une période de l'empire romain pour laquelle la numismatique réfléchit l'obscurité que les agitations politiques ont répandue sur son histoire, c'est celle où cet empire, déchiré par les guerres civiles, vit s'élever à la fois une multitude de prétendants au trône. Tout éphémère qu'ait été généralement leur autorité, elle a laissé çà et là des témoignages dans des monnaies dont la détermination présente parfois de sérieuses difficultés. M. J. de Witte est un de ceux qui ont le plus contribué à éclairer cette partie de la numismatique impériale. Déjà, dans un travail publié en 1844[4], il nous avait fait connaître des médailles inédites de l'empereur Postume, un des Augustes de cette époque de troubles où commence la décadence, et avait expliqué avec autant d'érudition que de nouveauté les causes qui amenèrent certains personnages des familles impériales à emprunter les attributs d'Hercule[5]. Depuis, dans une

---

[1] *Revue numismatique*, nouvelle série. t. II, 1857.

[2] *Revue numismatique*, nouvelle série. t. IV, 1859.

[3] *Revue numismatique*, nouvelle série. t. VIII, 1863.

[4] *Revue numismatique*.

[5] *Revue numismatique*, 1844 et 1845.

autre dissertation, le même antiquaire a décrit deux médailles de Bonosus, général qui prit la pourpre en Rhétie, sous le règne de Probus, et dont aucune monnaie n'était auparavant connue[1].

C'est aussi de la même époque que traite l'*Essai sur les médailles de la famille de Gallien*[2], où M. A. Deville essaye de débrouiller les difficultés qu'offre la numismatique de cet empereur, et soutient, contre l'opinion d'Eckhel, que le second fils de Gallien a porté le surnom de Saloninus; il s'efforce d'assigner les caractères distinctifs des médailles de ce prince, facilement confondues avec celles de son frère aîné, et entreprend le même travail pour les médailles du frère de Gallien et de Valérien jeune.

Nous ne citerons qu'en passant la notice où M. Huillard-Bréholles signale une médaille inédite en bronze du César Numérien[3], et celle où M. H. Poydenot décrit une médaille d'argent, également inédite, d'Euphemia, femme de l'empereur Anthemius[4]. Mais nous devons plus qu'une mention aux recherches pleines de pénétration et de finesse de M. de Longpérier sur les ateliers monétaires de Dioclétien et de la Tétrarchie, recherches qui peuvent être proposées comme un modèle des études à faire sur les marques placées à l'exergue du revers des monnaies romaines frappées durant les IIIe et IVe siècles de notre ère. L'absence de méthode, le peu de sûreté des explications hasardées parfois pour ces marques d'atelier, les avaient fait négliger des numismatistes, et on a vu plus haut que M. Cohen, dans son grand ouvrage, ne leur accorde qu'une très-petite place. M. de Longpérier observe judicieusement que l'explication de ces signes de fabrication n'a de valeur qu'autant qu'elle se trouve d'accord avec les types et les légendes des monnaies qui les portent, et il fait une heureuse application de ces principes à l'interprétation des marques gravées sur les pièces de Dioclétien et

---

[1] *Revue numismatique*, nouvelle série, t. IV, 1859.

[2] *Revue numismatique*, nouvelle série, t. VI, 1861.

[3] *Revue numismatique*, nouvelle série, t. IX, 1864.

[4] *Revue numismatique*, nouvelle série, t. X, 1865.

des princes qui partagèrent avec lui l'autorité suprême[1]. C'est à cette époque qu'appartiennent de curieux monuments numismatiques qui ont fait l'objet de notices que nous avons également à rappeler ici. Et d'abord la curieuse médaille de plomb retirée de la Saône. à Lyon, sur un point qui avait déjà fourni diverses monnaies antiques. M. de la Saussaye y a reconnu les images des empereurs Dioclétien et Maximien, représentés la tête nimbée[2]. La médaille est divisée en deux registres ou tableaux placés l'un au-dessus de l'autre. Dans le registre supérieur apparaissent les deux empereurs; la légende *Sæculi felicitas* est inscrite au-dessus de leur tête environnée des insignes de l'apothéose; selon M. de la Saussaye, elle doit faire allusion à une victoire remportée par l'un des deux empereurs. Cette victoire, le tableau inférieur nous l'indique; on y voit Maximien traversant le Rhin, dont le nom se lit en toutes lettres. et guidé par un personnage allégorique qui ne saurait être que la Victoire. Or Mamertin, un des panégyristes de Maximien, nous apprend que cet empereur avait repoussé des bandes de barbares qui s'étaient avancées jusque sous les murs de Trèves, alors sa résidence. Dans la scène que figure la médaille de plomb, Maximien sort de Cassel (*Castellum*), château fort qu'avait élevé Drusus sur la rive droite du Rhin; le nom de cette forteresse, également inscrit sur la pièce, ne nous laisse aucun doute. *Castellum* servait de tête de pont à *Mogontiacum*, aujourd'hui Mayence, qui est aussi indiqué comme l'atteste la légende. Les principales circonstances du tableau inférieur permettent à M. de la Saussaye de déterminer le sens du tableau supérieur. Il y reconnaît la ville de Rome casquée, présentant aux deux empereurs les prisonniers germains.

Quoi qu'il en soit de l'interprétation du savant numismatiste. dont quelques détails ont été contestés par un habile antiquaire anglais. M. Roach Smith[3], ce médaillon de plomb n'en restera pas

---

[1] *Revue numismatique*, nouvelle série. t. IX, 1866.

[2] *Revue num.* nouv. série, t. VII, 1862

[3] *Numismatic Chronicle*, nouv. série. t. III, p. 194.

moins un des plus intéressants monuments figurés de l'époque à laquelle il appartient, et M. de la Saussaye a rendu un grand service en le faisant connaître.

D'autres médaillons du même âge, moins curieux sans doute, mais d'un intérêt encore véritable, ont fait le sujet de notices dignes d'être ici rappelées.

M. le docteur Long a donné une description d'un médaillon d'argent inédit de Magnence [1]. M. de Longpérier a signalé un médaillon d'or portant la marque de l'officine de Trèves, et sur lequel il a reconnu la représentation d'une des portes de cette antique cité, et l'image allégorique de la Moselle qui l'arrose [2]. Nous sommes redevables au même antiquaire de la connaissance de trois médaillons des plus intéressants dont il a proposé la plus heureuse interprétation. Le premier offre le buste de Marc-Aurèle et de Commode, le second le buste de Dioclétien, le troisième appartient à la catégorie des médailles dites *contorniates*, c'est-à-dire de ces médailles plates, en cuivre ou en alliage, d'un travail et d'un style souvent imparfaits, dont les types ont en général peu de relief et qui sont d'un module à peu près égal aux médaillons impériaux, mais dont le poids est inférieur parce que le flan a moins d'épaisseur. L'étude de la figure gravée sur ce troisième médaillon, où il reconnaît l'historien Salluste, a fourni à M. de Longpérier l'occasion de savantes observations sur cette catégorie singulière de médailles. Il a fait remarquer que les cercles tracés en creux et dont l'appellation italienne *contorni* a valu à ces pièces le nom qui sert à les distinguer, sont le résultat de l'usage où l'on était, pour ces médaillons, d'associer des revers à des têtes pour lesquelles ils n'avaient pas été faits. Quand le droit et le revers ne présentaient pas exactement le même diamètre, ces cercles meublaient d'un côté le champ supplémentaire, et rendaient de l'autre le flan moins grand. M. de Longpérier place la fabrication du médail-

---

[1] *Revue numism.* 1850. t. XV. — [2] *Revue numism.* nouv. série. t. IX. 1864.

lon contorniate à la tête de Salluste en l'an 363 de notre ère, parce que l'empereur Julien s'était associé, cette année-là, pour consul un personnage du nom de Sallustius Secundus; il est à conjecturer que ce dernier avait fait graver, en mémoire du célèbre historien de son nom, la tête que porte le curieux médaillon dont on n'avait encore proposé qu'une explication insuffisante.

Les contorniates sont un intéressant sujet d'études, et ils ont plus d'une fois occupé les érudits. Personne pourtant depuis Havercamp n'avait, avant M. J. Sabatier[1], songé à réunir en un seul ouvrage leur suite curieuse. Grâce à lui, nous en possédons maintenant une description à peu près complète[2]; sa publication comble une lacune qui était regrettable, les contorniates n'ayant encore été publiés qu'en nombre relativement restreint. On n'avait guère pour guide sur cette matière, outre le recueil d'Havercamp[2], qu'un résumé, celui d'Eckhel. M. Sabatier est parvenu à recueillir les figures de plus de deux cents pièces, que M. Léon Dardel a reproduites avec son talent habituel. L'une des faces de ces médaillons est ordinairement occupée par une tête ou un buste, et la majorité des sujets figurés sur le revers se rapportent aux jeux du cirque ou de l'amphithéâtre. Les descriptions données par M. Sabatier sont nourries; toutefois on aimerait à y rencontrer une connaissance plus solide de l'histoire et du caractère des personnages dont les contorniates nous offrent les traits. Son livre contient l'explication de pièces qui étaient demeurées jusque-là incomprises. L'auteur a notamment le mérite d'avoir signalé une catégorie de têtes gravées sur l'une des faces de ces médaillons qu'Eckhel n'avait pas connues; ce sont les têtes de divinités. Quant à la majorité des contorniates, elle représente, comme on le sait, l'image de grands hommes, d'empereurs du Haut et du Bas-Empire. Mais à quelle époque doit-on rapporter la fabrication de ces singuliers médaillons? C'est là une question qui a été souvent agitée. Plusieurs numismatistes avaient pensé qu'ils sont tous ou pour la plupart con-

---

[1] *Description générale des médaillons contorniates*, Paris. 1860. in-4° avec 19 planches. — [2] *De nummis contorniatis*, in-4°. 1793.

temporains des empereurs dont ils portent l'effigie. M. Sabatier, pour résoudre ce problème, a suivi les principes d'Eckhel, il s'est guidé sur le style ; et remarquant que la fabrication des contorniates offre tous les caractères de l'époque de Valentinien III, il en conclut que les pièces de cette espèce où se voient les effigies des empereurs antérieurs, par exemple de Jules César et d'Auguste, ne sauraient avoir été frappées sous leur règne. Les vues d'Eckhel reçoivent donc du travail de M. Sabatier une pleine confirmation, et ce qui achève de les justifier, c'est la remarque que, sur les contorniates, l'on a donné aux empereurs du Haut-Empire des attributs et des types qui ne leur ont jamais appartenu. M. Sabatier pense que l'émission des contorniates doit être fixée entre le règne de Gratien et celui d'Anthemius (375 à 472), ce prince étant le dernier empereur dont l'effigie apparaisse sur ces médaillons. La même date peut encore se tirer de la comparaison des contorniates avec les pierres gravées représentant des sujets du cirque et de l'amphithéâtre. Ce rapprochement a conduit le savant numismatiste à des études intéressantes sur l'histoire des jeux publics jusqu'à l'époque byzantine et sur les noms des chevaux et des auriges. Il a aussi recherché l'objet et la destination des contorniates, mais sans réussir à lever à cet égard les incertitudes. On ne saurait, en effet, décider encore si ces pièces étaient décernées aux vainqueurs dans les jeux et les concours, ou si elles étaient simplement frappées à l'occasion de leur célébration.

Les contorniates nous amènent à la numismatique du Bas-Empire.

La suite des médailles de cette période n'est sans doute que la continuation des médailles impériales, mais on y voit apparaître des signes nouveaux, types auparavant inconnus et dont l'introduction est due en partie au changement de croyances qui s'était opéré dans l'empire.

On est loin de s'accorder sur le moment où le christianisme grava ses symboles sur la monnaie, et diverses médailles de Constantin offrent à cet égard de l'incertitude. Dans un travail publié par la

Revue numismatique[1], M. Feuardant a soutenu, par des raisons très-plausibles, que le monogramme du Christ, placé par l'empereur Constantin à la fois sur ses monnaies et sur celles de ses trois fils, au moment où il venait de partager entre eux ses vastes États, n'apparaît que vers l'an 335. Avant cette époque, les médailles conservent, selon lui, les symboles païens[2]. La doctrine contraire a rencontré un défenseur zélé dans un antiquaire italien, qui enrichit parfois de ses recherches nos recueils archéologiques, le P. Garucci; il attribue une intention chrétienne à des types monétaires qu'on avait auparavant regardés comme païens.

Un sujet lié de près à celui-là a été traité dans le même recueil par un autre archéologue du même pays, dont nous avons déjà souvent rappelé les beaux travaux, Cavedoni; sa dissertation est intitulée : *Les signes chrétiens mêlés à des types païens que présentent certaines médailles du temps d'Honorius*[3]. Dans ces médailles, il croit reconnaître des amulettes composés sous l'influence d'un reste de superstitions païennes.

numismatique
byzantine.

La numismatique byzantine proprement dite est arrivée beaucoup plus tard que la numismatique impériale à une constitution définitive, et cette constitution, nous devons le dire, c'est surtout à la France qu'en revient l'honneur. Déjà dans des *Lettres* dont il commença la publication en 1817, et qui ont été rééditées depuis, enrichies des notes de plusieurs numismatistes éminents[4], M. le baron Marchant avait indiqué la route à suivre. Dans la ville où vécut cet habile numismatiste, à Metz, s'imprima, en 1836, un livre que ses recherches avaient suscité, c'était celui où M. de Saulcy abordait, dans toute sa généralité, le problème de la classification raisonnée des monnaies byzantines[5]. En montrant l'intérêt qui

---

[1] Nouv. série, t. I, 1856, p. 47.

[2] Voyez sa dissertation intitulée : *Des signes de christianisme qui se trouvent sur les monnaies de Constantin et de ses fils avant et après la mort de Licinius* (*Revue numism.* nouv. série, t. XI, 1866).

[3] *Revue numism.* nouv. série, t. II, 1857.

[4] *Lettres sur la numismatique*, avec des notes, par MM. de Saulcy, de Longpérier, V. Langlois, etc. 1847-1850, in-8°.

[5] *Essai de classification des monnaies byzantines*, in-4° avec atlas.

s'attache à cette catégorie de médailles, il réchauffa le zèle des amateurs, provoqua la formation de collections nombreuses et inspira les travaux qui, par leur date, ont droit à être mentionnés ici. Il nous faut citer en première ligne l'ouvrage de M. J. Sabatier intitulé : *Description générale des monnaies byzantines frappées sous les empereurs d'Orient, depuis Arcadius jusqu'à la prise de Constantinople par Mahomet II* [1]. Cette publication a fait faire un pas nouveau à la numismatique du Bas-Empire. Bien qu'il eût résolu les principales difficultés, M. de Saulcy n'avait pourtant pas examiné le système des monnaies byzantines. Ce système fait l'objet tout spécial des études de M. J. Sabatier; il en a présenté le tableau dans son *Iconographie d'une collection de médailles romaines, byzantines et celtibériennes*, publiée en deux volumes in-folio, œuvre dont il a résumé les principaux résultats dans une intéressante notice qu'a donnée la Revue numismatique[2]. La matière était neuve; ce que les anciens nous disent du système de la monnaie byzantine est aussi incomplet qu'obscur. Les termes employés par eux pour désigner ces monnaies sont tantôt grecs, tantôt latins; il est souvent difficile de discerner à quelle valeur déterminée ils s'appliquent; il l'est surtout d'accorder les passages où ces termes sont employés. A cette difficulté vient se joindre celle de l'interprétation des sigles. La tâche que s'est imposée M. Sabatier était, on le voit, des plus ardues, d'autant plus que les variations de monnaies furent nombreuses sous les Byzantins, surtout pour les espèces de cuivre; celles-ci finirent par descendre à un tel degré d'abaissement qu'elles ne représentèrent plus qu'une valeur fictive et purement légale. La description générale donnée par M. Sabatier est précédée d'un résumé des annales de l'empire d'Orient qui permet de mieux saisir les données chronologiques sur lesquelles il s'appuie. Remarquons-le avec l'auteur de l'ouvrage que nous mentionnons ici, ce n'est pas l'art qu'il faut chercher dans les monnaies des empereurs de Cons-

---

[1] 1862, 2 vol. in-8°. — [2] Nouv. série, t. III, 1858.

tantinople; l'importance qu'elles ont n'est pas celle qu'offrent les beaux types historiques et monumentaux de la Grèce et du Haut-Empire : la monnaie byzantine n'a de valeur scientifique que par les dates qu'elle fournit, par ses légendes qui sont des inscriptions authentiques et contemporaines des faits qu'étudie l'historien; elle présente de plus cet intérêt d'être la transition entre le monnayage antique et celui des rois barbares et des Mérovingiens.

M. Sabatier, dans son livre, présente diverses considérations sur le style des monnaies de la série qu'il étudie et signale l'influence fâcheuse exercée sur l'art par un gouvernement qui n'avait plus assez de force pour maintenir l'ordre et l'uniformité des bonnes traditions. Cet antiquaire a puisé, pour la composition de son ouvrage, aux meilleures sources, quelques-unes d'un accès difficile, mais que son séjour en Russie lui a permis de consulter; et sans rien enlever de leur mérite aux recherches de M. de Sauley, il a fort étendu les conquêtes auxquelles celui-ci aura toujours l'honneur d'avoir ouvert la voie. M. de Sauley avait proposé un cadre dans lequel devaient se ranger toutes les monnaies byzantines connues au moment où il s'en occupait et celles qui viendraient à être découvertes. M. Sabatier, en enrichissant la numismatique byzantine, surtout celle de l'empire de Thessalonique, très-pauvre avant lui, en créant presque en entier celle de l'empire de Nicée, nous a donné la preuve de la rectitude du système de son devancier; il a retrouvé des monnaies dont M. de Sauley avait soupçonné ou prédit l'existence; il nous en a même fait connaître auxquelles son devancier n'avait pas pensé et qui viennent confirmer son mode de classification.

D'autres que M. Sabatier, et déjà avant lui, avaient appliqué, mais dans des travaux moins étendus, le système de M. de Sauley. M. Soleirol avait publié un excellent catalogue de monnaies byzantines, et M. Penon avait signalé dans diverses notices un grand nombre de monnaies inédites. Un savant allemand, originaire de l'Alsace, M. F. de Pfaffenhofen, avait donné dans notre langue et fait imprimer à Paris une bonne monographie des aspres comnénats de Trébizonde, où, le premier, il reconstituait la numismatique des Comnènes de l'Asie Mineure. Ce travail, couronné par l'Académie des inscriptions, fut suivi quelques années plus tard par des recherches sur quelques monnaies inédites de cette série[1]. Nous devons ensuite signaler la Lettre de M. A. de Barthélemy à M. H. Zœpffel sur les monnaies consulaires frappées pendant le Bas-Empire[2], où l'habile antiquaire rectifie une attribution du baron Marchant relative à des médailles portant le nom d'Héraclius, et explique la mention du titre de consul sur des monnaies postérieures à Justinien, point qui avait embarrassé le numismatiste messin. Rapprochant des monnaies les textes juridiques, M. A. de Barthélemy reconnaît dans celles où apparaît le titre de consul les pièces que les consuls faisaient, à leur entrée en fonctions, distribuer au peuple: il est à noter que ces pièces ne pouvaient être d'or, l'empereur ayant seul le droit d'en faire distribuer de ce métal.

Numismatique syrienne.

En passant en revue les travaux dont la numismatique grecque a été l'objet, nous n'avons rien dit des médailles de la Syrie, quoiqu'elles se rattachent à la numismatique hellénique. Mais l'empire des Séleucides est comme la transition du monde grec au monde oriental, et voilà pourquoi nous avons réservé l'exposé de ce qui s'y rapporte au paragraphe de ce rapport consacré à la numismatique des peuples de l'Orient qui ont subi l'influence de la civilisation grecque.

Les monnaies des Séleucides, pas plus que celles de la Syrie sous la domination romaine, n'ont été, au reste, l'objet de travaux d'ensemble, et nous n'avons à mentionner que quelques recherches de détail, mais dont plusieurs offrent une certaine importance.

Dans un travail publié par la Revue numismatique[3], et qu'à ce

---

[1] Revue numism. nouv. série, t. X. 1865. Lettre à M. de Saulcy.

[2] Revue numism. nouv. série, t. II. 1857.

[3] Nouvelle série, tome I. 1856, Observations sur quelques médailles des rois de Syrie.

titre nous pouvons mettre au compte de l'érudition française, Cavedoni a rectifié et discuté diverses attributions relatives aux monnaies des Séleucides. M. Feuardant a donné, dans le même recueil,
une intéressante notice sur les médailles inédites frappées par Dé-
métrius Ier Soter, et portant les noms de deux villes de Syrie[1].

Appliquant les données numismatiques et épigraphiques à la solution d'un problème de géographie ancienne intéressant, M. Waddington, dans une dissertation pleine de faits[2], a réussi à déterminer le lieu de l'Arabie où naquit l'empereur Philippe : c'est
une ville du Ledja, l'ancienne Trachonitide, Chehebé, dont l'identité avec Philippopolis est attestée par les médailles que ce savant
voyageur y a découvertes : il a éclairé du même coup un point historique qui se rattache à la famille de l'empereur Philippe, en éta-
blissant que Marinus fut son père, opinion que Tôchon d'Annecy
n'avait pu étayer que sur de très-ingénieuses inductions.

M. de Sauley n'a pas montré moins de pénétration dans la courte
mais substantielle notice où il assigne à Héracléon, l'assassin d'Antiochus VIII Épiphane-Grypus, deux jolies monnaies inédites de
cuivre, recueillies à Jérusalem[3]. La seule comparaison des styles
avait tout de suite conduit l'habile antiquaire à rapprocher ces monnaies de celles des rois de Syrie Antiochus VI et ses successeurs, et
l'avait ainsi mis sur la voie de la solution du problème. C'est là un
des mille exemples de l'importance du coup d'œil en numismatique,
coup d'œil auquel l'érudition la plus riche ne saurait suppléer.

La numismatique orientale nous amène sur un terrain où la
philologie et l'épigraphie prêtent à la critique un secours plus
puissant que l'étude des monnaies en elles-mêmes. On n'est point
encore assez familiarisé avec les types, les variations de style des
médailles à légendes sémitiques pour en déterminer la provenance
et la date, à la seule inspection de leur effigie ou de leur marque. La

---

[1] *Revue numismatique*, nouvelle série, t. VII, 1862.

[2] *Revue mum.*, nouv. série, t. X, 1865.

[3] *Revue numismatique*, nouvelle série, t. X, 1865.

lecture des légendes fournit le guide le plus sûr et souvent presque le seul. Ce n'est donc que depuis qu'on a pénétré assez avant dans la connaissance des idiomes et des alphabets hébraïques, phéniciens, araméens, qu'il est devenu possible d'apporter un peu d'ordre dans la classification des monnaies des populations sémitiques; le nombre des médailles que l'on a recueillies, d'abord assez petit, tend journellement à s'accroître par suite de nouvelles trouvailles.

Longtemps arrêtée par la pénurie de monuments, l'inexactitude des dessins qui en avaient été publiés, les difficultés inhérentes à la langue phénicienne, le défaut de critique des auteurs, la numismatique syro-phénicienne n'est sortie des tâtonnements auxquels elle a été condamnée durant plus d'un siècle, que grâce aux recherches de M. le duc de Luynes. Son *Essai sur la numismatique des satrapies de la Phénicie*, publié en 1846, et où il a réuni presque tous les noms connus de l'Asie Mineure et de la Phénicie, demeurera pendant longtemps la mine la plus riche en renseignements sûrs et en reproductions exactes. Le premier, il a établi l'existence de monnaies à légendes araméennes, frappées au nom des satrapes persans. Sans doute plusieurs des attributions adoptées par l'éminent antiquaire sont douteuses et contestables, mais le principe qu'il a établi reste inébranlé, et les noms de Pharnabaze, de Téribaze et de quelques autres personnages sont définitivement acquis à la science. Ses dissertations sur les médailles d'Abdemon, de Pharnabaze, de Syphax, d'Alexandre Bala sont d'excellents morceaux qui n'ont pas jeté moins de lumière sur cette branche de la numismatique.

En 1852, le même archéologue entreprenait de tirer du chaos la numismatique cypriote. Grâce à une découverte faite en Chypre, l'alphabet usité dans cette île nous était révélé, et l'on avait pu dès lors déchiffrer un nombre considérable de médailles dont personne ne soupçonnait auparavant l'importance. Ce sont ces médailles que M. le duc de Luynes a réunies pour la première fois. Malheureusement le sujet présentait encore de telles difficultés que cet éminent antiquaire a dû se borner à quelques observations et se montrer sobre de conjectures. Mais tout imparfait qu'il est, son ouvrage n'en éclaire pas moins divers points de l'archéologie cypriote; les résultats auxquels l'auteur a été conduit confirment d'une manière remarquable le témoignage d'Hérodote sur le mélange des races dans l'île de Chypre. De nouvelles recherches viendront combler les lacunes qu'a forcément laissées M. le duc de Luynes. Déjà M. Waddington, dans une dissertation insérée dans ses *Mélanges de numismatique et de philologie* sur Marium, en Cypre, dissertation où il nous montre les altérations qu'avait subies le nom de *Marlo* donné par les Phéniciens à cette ville, a ajouté un premier supplément à l'œuvre de l'illustre antiquaire français. Le même M. Waddington a exploré d'autres régions de cette province de la numismatique; dans les *Mélanges* que nous venons de citer, après avoir discuté les résultats obtenus par ses devanciers, il a fait connaître diverses pièces inédites et proposé quelques interprétations nouvelles; c'est ainsi qu'il a restitué à Datame les nombreuses monnaies sorties des ateliers de Tarse, et portant une légende où l'on avait lu le nom de Dernès[1]. Ces recherches l'ont en outre conduit à certaines données importantes qui seront autant de jalons pour guider les nouvelles investigations. Par exemple il constate que l'émission des monnaies des satrapes et des dynastes héréditaires, de même que celle des monnaies du roi de Perse à légendes grecques, commence vers la paix d'Antalcidas, époque où, d'un côté, les Hellènes de l'Asie furent définitivement abandonnés par leurs frères d'Europe, et où, de l'autre, une succession continue de révoltes déchira l'empire persan. En discutant les données auxquelles doit recourir la numismatique de l'Orient, M. Waddington fait remarquer que l'on a trop souvent négligé ce principe, en apparence bien simple, que la langue dans laquelle est écrite la légende d'une médaille est toujours celle de la province ou de la ville où elle a

---

[1] *Bulletin archéolog. de l'Athenæum français*, 1856.

été frappée et où elle était destinée à circuler. C'est ainsi que les monnaies du roi de Perse sont grecques en Ionie; celles de Pharnabaze, grecques à Cyzique et araméennes à Tarse; celles de Datame, grecques à Sinope, araméennes en Cilicie; celles des satrapes de la Lycie et de la Cappadoce, lyciennes et araméennes. Le droit monétaire, observe M. Waddington, n'était pas, dans l'empire persan non plus que dans le monde grec, l'apanage exclusif du pouvoir politique suprême, ce qu'il est dans nos États européens; c'était un droit inhérent à chaque communauté, petite ou grande, qu'elle fût cité, principauté héréditaire ou satrapie. Il a été exercé pendant tout le cours de la domination persane, concurremment et simultanément avec l'émission de la monnaie royale, par des villes, des despotes locaux, des satrapes héréditaires ou revêtus de fonctions extraordinaires. Les médailles nouvellement découvertes n'ont fait que confirmer l'exactitude de ce fait sur lequel le savant voyageur insiste avec raison.

M. le comte Melchior de Vogüé a, de son côté, plusieurs fois dirigé avec succès ses recherches sur la numismatique sémitique et fait connaître notamment plusieurs tétradrachmes d'Azbaâl, roi de Gebâl [1].

Les travaux de M. Fr. Lenormant qui se rapportent à la numismatique phénicienne, sans avoir donné des résultats aussi importants que ceux que nous avons énoncés plus haut, y ont ajouté pourtant des faits précieux et intéressants. C'est ainsi qu'il a déchiffré avec beaucoup de sagacité le mot phénicien ou hébreu qui répond au grec *obole* et que portent diverses médailles de Tarse. En rédigeant la *Description des médailles et antiquités composant le cabinet du baron Behr* [2], il a eu à interpréter nombre de médailles sémitiques; et si quelques-unes de ses explications peuvent être tenues pour hasardées, il en est d'autres qui sont excellentes.

Dans un travail plus récent [3], le même antiquaire a enrichi cette

[1] *Revue numism.* t. I, 1856.
[2] *Paris*, 1857.
[3] *Obs. sur quelques points de num. phén.* (*Revue num. nouv. série*, t. V, 1860).

branche de la numismatique de plusieurs faits qui ne sont pas sans valeur.

La numismatique punique rentre dans la numismatique phénicienne, aussi ses progrès n'en sauraient-ils être séparés. De nos jours elle avait même fixé l'attention des érudits français avant celle de la Phénicie proprement dite, dont on ne possédait, dans le principe, que fort peu de monuments. Déjà en 1843, M. de Saulcy, dans ses *Recherches sur la numismatique punique*[1], avait rectifié plusieurs des lectures de Hamaker et de Gesenius et retrouvé, grâce à une obole bilingue, le nom carthaginois de Palerme (*Tsitz*). Son travail ouvrit une ère nouvelle à la numismatique punique. Suivant la même voie, mais d'un pas moins sûr et d'un œil moins pénétrant, M. A. Judas donna sur diverses médailles de l'Afrique septentrionale, avec légendes puniques[2], sur des médaillons d'argent attribués soit à Carthage, soit à Panorme ou aux armées puniques de la Sicile[3], sur différentes médailles à légendes araméennes[4], des essais qui, s'ils ne sont pas toujours exempts d'erreurs et de conjectures hasardées, dénotent cependant une sérieuse connaissance de la matière.

On vient de voir, par ce que nous avons dit des travaux de MM. de Saulcy et A. Judas, que la Sicile a eu aussi ses pièces à légendes puniques. D'autres monnaies puniques de la même île ont fourni à M. A. Salinas le sujet d'un travail intéressant[5].

Le phénicien était peu différent de l'hébreu. L'étude des monnaies juives dont les légendes appartiennent à ce dernier idiome n'est donc en réalité qu'une branche de la numismatique syro-phénicienne; ce qui nous amène à parler ici des publications relatives à

[1] *Mémoires de l'Académie des inscript.* t. XV, 2ᵉ partie.

[2] *Revue numism.* nouv. série, t. I, 1856, et *Bull. archéolog. de l'Athenæum français*, 1855 et 1856.

[3] *Revue numismat.* nouv. série. t. X. 1865.

[4] *Revue numism.* nouv. série. t. VIII. 1863.

[5] *Lettre sur deux pièces d'argent portant le nom phénicien d'Himera et les types de Zancle et d'Agrigente* (*Revue numism.* nouv. série. t. X, 1864).

ces monnaies. Déjà au siècle dernier la numismatique hébraïque
avait exercé la sagacité d'habiles érudits. M. de Sauley, dans ses
Recherches sur la numismatique judaïque, qui ont paru en 1854, à
Paris, a entrepris un examen nouveau et approfondi des médailles
juives. En possession d'un grand nombre de ces médailles, rapportées par lui de ses voyages ou obtenues par des échanges, s'aidant
des travaux de Cavedoni et de Ch. Lenormant, l'éminent antiquaire a pu discerner des groupes différents qui avaient échappé
à ses devanciers. Cavedoni ne faisait pas remonter les monnaies
juives plus haut que l'époque des Machabées. M. de Sauley place
la plus ancienne émission à la période d'autonomie, contemporaine
d'Alexandre le Grand. Cette série est représentée par un groupe de
sicles ou de demi-sicles d'argent d'une grande homogénéité de
style et de type. La seconde époque correspond au monnayage des
princes asmonéens; la troisième est celle des princes iduméens, période où l'influence romaine a donné aux monnaies de la Judée un
caractère tout romain; l'étude des monnaies de cette troisième période offre le moins de difficultés, parce qu'on trouve dans l'histoire du peuple-roi des données précises pour fixer l'âge des pré-
fets dont les légendes rappellent les noms. La dernière époque est
représentée, selon M. de Sauley, par les médailles frappées pendant la révolte des Juifs, jusques et y compris celle de Simon Barcochab. La classification de M. de Sauley a donné lieu à des objections sérieuses, et soulevé, en Angleterre et en Allemagne, une
polémique à laquelle il a pris part. Abandonnant quelques-unes
de ses premières lectures, il en a maintenu énergiquement d'autres qui étaient contestées[1]. On s'est étonné de ne point rencontrer dans son ouvrage de médailles se rapportant à Simon Machabée,
le seul prince asmonéen dont l'histoire mentionne les monnaies;
de voir attribuées à la révolte relativement obscure de Barcochab
tant de médailles, tandis que la guerre plus longue et plus impor-

<hr>

[1] Voyez ses *Lettres à M. de Witte* (*Revue numism.*, nouv. série, années 1864 et 1865).

tante de Vespasien et de Titus est représentée par une numismatique si défectueuse; on s'est demandé pourquoi sur les monnaies juives, telles que les interprète M. de Saulcy, les mêmes expressions servent à désigner des ères différentes, séparées quelquefois par plusieurs siècles d'intervalle, et pourquoi aussi la même ère est exprimée par des formules différentes. C'est que, malgré les belles recherches de M. de Saulcy, et comme l'a judicieusement observé M. le comte Melchior de Vogüé, auquel on doit la publication d'intéressantes monnaies juives inédites et le déchiffrement d'une curieuse monnaie d'Éléazar[1], la numismatique hébraïque est encore une science imparfaite. Plusieurs des questions qu'elle soulève n'ont point reçu de solutions satisfaisantes. L'origine des types gravés sur les monnaies du peuple israélite demeure inexpliquée, et il est impossible aujourd'hui de faire rentrer dans les séries adoptées une foule de pièces nouvellement découvertes.

Un idiome sémitique, l'araméen, se parlait dans la Cilicie et la Cappadoce. Cette langue se distinguait du phénicien et de l'hébreu par certaines particularités grammaticales et par l'alphabet, qui était assez différent. La numismatique cilicienne et cappadocienne se range conséquemment à la suite de celle de la Syro-Phénicie, et c'est ici qu'il convient de parler des recherches dont elle a été l'objet.

Une mission en Cilicie qui lui avait été confiée conduisit M. Victor Langlois[2] à entreprendre sur les monnaies de cette province un travail où il a pu utiliser les résultats de son exploration. Cherchant à éclairer l'étude des médailles par la connaissance qu'il avait acquise des lieux, il a fait des rapprochements nouveaux et fixé notamment la position de Séleucie du Pyrame. C'est guidé par les médailles de Tarsous qu'il a cru reconnaître, dans un tumulus qu'on voit près de cette ville et appelé le *Dunak-Dasch*, le tombeau de Sar-

---

[1] *Revue numismat.* nouv. série. t. V, 1860.

[2] Voyez le rapport de M. V. Langlois dans les *Archives des missions scientifiques et littéraires*, t. IV. p. 37 et suiv.

danapale II, prince que les modernes auraient confondu avec Sardanapale Ier, dont le monument funéraire était à Anchiale[1]. Mais l'hypothèse de M. V. Langlois soulève de graves objections : de plus les fouilles opérées au *Dunak-Dasch* n'ont rien offert d'asiatique, et il ne s'y est rencontré que des débris romains. Ce tumulus paraît être plutôt le tombeau de l'empereur Julien dont Ammien Marcellin nous a laissé la description. Ajoutons d'ailleurs qu'une part dans le mérite de cette découverte appartient à un agent diplomatique français, M. Gillet, qui avait fait fouiller le *Dunak-Dasch*. Dans une autre notice, M. V. Langlois décrit un assez grand nombre de médailles des villes de la Cilicie[2]. C'est une œuvre estimable, malgré les lacunes et les inexactitudes qu'on y peut signaler, mais qui ne nous révèle pas autant de monuments inédits que l'auteur se l'est imaginé.

De son côté, M. Waddington a éclairci divers points de la numismatique cilicienne et cappadocienne. Il a rendu à Ariarathe et à la Cappadoce des médailles qu'on avait crues frappées en Palestine : il a montré que dans les contrées qui s'étendent depuis l'Euphrate jusqu'à l'Halys on faisait usage d'un alphabet homogène, semblable à celui des papyrus araméens recueillis en Égypte ; enfin il a signalé, dans les légendes des médailles de Tarse, certaines particularités philologiques qui confirment le caractère araméen de leur langue.

Une branche non moins neuve de la numismatique orientale est l'étude des monnaies des Nabatéens. C'est M. Fr. Lenormant qui constata le premier l'existence de ces monnaies[3], en reconnaissant les caractères de l'alphabet employé par ce peuple dans des lettres qui avaient été prises avant lui pour une simple variété des lettres palmyréniennes.

M. le duc de Luynes, auquel on doit une lecture plus satisfaisante des trois légendes qui avaient éveillé l'attention de M. Fr.

---

[1] *Revue archéol.* 15 décembre 1853.
[2] *Revue numism.* t. XIX, 1854.
[3] *Catalogue de la collection du baron Behr.*

Lenormant, a pleinement confirmé sa découverte. Il a réuni les diverses monnaies qui appartiennent à ce peuple arabe, y a déchiffré le nom de plusieurs de ses rois et donné un excellent aperçu de l'ensemble de la numismatique nabatéenne[1].

Ce peuple n'est pas le seul de l'ancienne Arabie dont nous ayons des monnaies. Nous en connaissons aussi des Omanes, et sur l'une de ces monnaies M. de Longpérier a eu le mérite de rectifier une lecture erronée qui avait égaré ses devanciers et fait imaginer une prétendue reine des Parthes[2].

Les travaux dont les médailles des autres nations asiatiques ont été l'objet se rattachent plus, dans l'état actuel de nos connaissances, à la philologie orientale qu'à l'archéologie proprement dite; car, ainsi que cela a lieu pour bon nombre des médailles dont il vient d'être question, le déchiffrement des légendes fait la base de leur étude, et ce déchiffrement repose surtout sur la connaissance des langues et des écritures de l'Orient. Ces monnaies ne nous reportent pas, au reste, à une bien grande antiquité : les plus vieux peuples de l'Asie, les Assyriens entre autres, ne paraissent pas avoir eu de monnaies[3]. C'est sous l'influence de la Grèce que la plupart des contrées de l'Asie occidentale en ont adopté l'usage. De là la liaison, plus étroite qu'elle n'apparaît d'abord, de la numismatique des nations asiatiques, des Parthes par exemple, et de celle de la Grèce. L'étude des médailles de ce dernier peuple était encore dans l'enfance, quand, il y a trente ans, Ch. Lenormant, dans un travail inséré aux *Nouvelles Annales de l'Institut archéologique de Rome*[4], essaya de discerner celles qui doivent être attribuées aux treize premiers Arsacides; mais il manquait au savant antiquaire une connaissance suffisante des anciens idiomes de la Perse pour poursuivre avec assurance des investigations heureusement com-

---

[1] *Revue numismatique*, nouvelle série. t. III, 1858.

[2] *Revue numismatique*, septembre et octobre 1863.

[3] *Revue numismatique*, nouvelle série. t. VIII, 1863.

[4] Section française. t. II. 1844.

mencées. Il appartenait à M. de Longpérier, qui avait fait depuis plusieurs années une étude approfondie de la numismatique perse et avait publié dès 1840 un excellent mémoire sur les monnaies des Sassanides, de nous donner sur l'ensemble des médailles des Arsacides un travail complet[1]. Un nombre considérable de monnaies inédites lui ont permis des rapprochements qui autrement auraient été impossibles. L'œuvre de M. de Longpérier a démontré l'accord très-significatif des monuments numismatiques et des textes anciens relatifs à l'histoire des Parthes. Ces monuments, d'un autre côté, ont fourni des données nouvelles que les témoignages antiques ne renferment pas, et il a pu ainsi restituer quelques pages perdues des annales des Arsacides. Sans doute, ainsi que l'auteur est le premier à le reconnaître, il n'a pas levé toutes les difficultés de la chronologie; on peut signaler dans son mémoire bien des lacunes; c'est un reproche auquel sont contraints de s'exposer tous ceux qui ouvrent une nouvelle voie; mais les services que M. de Longpérier a rendus par cet ouvrage à l'érudition n'en sont pas moins considérables, et il demeurera toujours un guide précieux dans cet ordre de recherches. Au savant antiquaire revient le mérite d'avoir déchiffré les légendes parthiques, en caractères araméens, qui se lisent sur les drachmes des rois Mithridate V, Vologèse V, Vologèse VI, Artaban V et Artavazd, déchiffrement d'où est résultée la confirmation définitive d'un fait admis avant lui, mais qui était encore discutable, à savoir l'identité de la langue des Parthes et de celle des Perses sous les Sassanides, idiome qui est le pehlvi. Ajoutons à ces résultats une foule de notions nouvelles et importantes sur la religion des Parthes, tirées de l'étude des médailles.

Nous pourrions terminer ici cet aperçu des progrès qu'a faits en France depuis 1848 la numismatique ancienne, car nous avons épuisé ou à peu près la liste des travaux dont elle a été l'objet

Numismatique
chaldéenne

---

[1] *Mémoire sur la chronologie et l'iconographie des rois parthes Arsacides*, Paris, 1853, in-4°.

depuis cette époque ; mais nous devons encore traiter d'une classe de monnaies qui auraient eu leur place naturelle à côté des monnaies gauloises, si par un certain côté elles ne se rattachaient aux monnaies des Carthaginois et même à celles des Grecs : nous voulons parler des anciennes monnaies espagnoles portant des légendes en caractères ibériques. Il importe d'autant plus que nous consacrions aux investigations dont elles ont fait l'objet une mention particulière, que c'est à notre pays que revient surtout l'honneur d'en avoir débrouillé la classification. Restées longtemps lettre morte pour les antiquaires, ces médailles avaient été passées sous silence dans le célèbre ouvrage de Florez. Ch. Lenormant a réussi le premier à déchiffrer quelques caractères, lecture sur laquelle il se fonda pour établir que l'Ibérie avait reçu des Phéniciens plusieurs de ses lettres. Mais le savant archéologue n'avait pas été au delà, et il restait à interpréter les légendes, à étudier les types et à tirer de là une classification des monnaies autonomes de l'ancienne Espagne. C'est ce que fit M. de Sauley, qui, à force de sagacité et de patience, reconstitua de toutes pièces cette numismatique difficile. Quoique son ouvrage remonte déjà à 1840[1], nous devons le mentionner ici ; car, par l'importance et la richesse des résultats, autant que par l'excellence de la méthode, il est demeuré fort supérieur à tous les travaux qui ont paru depuis sur le même sujet. M. de Sauley nous en a fait beaucoup rabattre sur l'antiquité qu'on était enclin à attribuer aux médailles celtibériennes. Il montre que, même sur les plus anciennes, se rencontrent des types qui sont une imitation évidente des monnaies romaines. Ainsi le monnayage celtibérien ne saurait remonter plus haut que le IIe siècle avant notre ère. La limite inférieure de ce monnayage a été tracée par le savant antiquaire d'une manière moins sûre, et de nouvelles études tendent à la rapprocher plus qu'il ne l'avait fait du commencement de notre ère. Les types de ces monnaies ont fourni à

---

[1] *Essai de classification des monnaies autonomes de l'Espagne*, in-8°.

M. de Saulcy de précieux éléments de classification : considérant l'image du cavalier courant, qui les caractérise le plus ordinairement, il a remarqué que, quand le cavalier est armé d'une lance, la médaille appartient au sud ou au centre de l'Espagne; que s'il porte une palme à la main, la médaille appartient aux villes du nord ou du nord-est; enfin que, s'il porte un bouclier rond, il indique des monnaies particulières à certaines villes du sud.

Le nombre de légendes celtibériennes que l'éminent archéologue est parvenu à expliquer est considérable. Il y reconnaît des noms géographiques mentionnés par les anciens; et ses lectures, en confirmant les vues de Ch. Lenormant sur l'origine sémitique des lettres qui y entrent, ont établi l'étroite affinité du basque avec la langue dans laquelle elles sont conçues. L'influence phénicienne qui apparaît dans l'écriture, M. de Saulcy la retrouve plus prononcée encore dans l'écriture turdule, à laquelle appartiennent certaines légendes des monnaies du sud de l'Espagne, et qui se lit de droite à gauche.

Un savant qui s'était livré depuis longtemps à l'étude du basque, M. P.-A. Boudard, a repris l'œuvre de M. de Saulcy et essayé d'éclairer les points demeurés obscurs; mais, malgré son zèle et ses recherches consciencieuses, il n'est guère parvenu, dans sa *Numismatique ibérienne*, qu'à des interprétations douteuses et contestables. Il s'est laissé entraîner à chercher des traces de la langue ibérique là où rien de sérieux n'en révèle la présence. Toutefois les rapprochements que contient son livre et les dissertations qu'il a fait paraître dans la *Revue numismatique*[1] ne sont pas sans utilité pour les progrès de l'archéologie ibérique. On doit également citer avec estime les travaux de J. Zobel de Zangroniz[2].

Les progrès de la connaissance de la métrologie antique ne sauraient être séparés de ceux de la numismatique, car on ne peut avoir une notion complète des systèmes monétaires qui furent adoptés par les anciens, sans savoir de quel système de poids et

Métrologie
ancienne

---

[1] *Nouvelle série, t. VIII, 1863.* — [2] *Essai d'attribution de quelques monnaies ibériennes à la ville de Salacia.*

mesures ils faisaient usage. Voilà ce qui nous conduit à parler ici du grand travail publié en français par don Vicente Vazquez Queipo, sous le titre d'*Essai sur les systèmes métriques et monétaires des anciens peuples depuis les premiers temps historiques jusqu'à la fin du califat d'Orient*[1]. L'auteur est espagnol, mais son œuvre est réellement française, et les mêmes motifs qui nous ont fait donner dans ce rapport une place à d'autres livres qui n'émanent pas de compatriotes nous engagent à parler de son ouvrage qu'a couronné l'Institut.

M. Queipo, après avoir visité les principaux musées de l'Europe, mesuré ou pesé les monuments qu'ils renferment, a entrepris de nous donner un tableau complet de la métrologie antique. La méthode avec laquelle il a procédé est irréprochable. Il a constamment mis en regard les textes des auteurs et les monuments; il s'est efforcé de les interpréter les uns par les autres et a considéré rigoureusement chaque système particulier en soi; puis, quand il a pensé l'avoir établi sur des documents propres à ce système, il l'a comparé aux autres afin d'en tirer des lumières nouvelles. Il a examiné successivement le système métrique des Égyptiens, auquel se rattachent les poids et mesures des Hébreux et de l'empire des Lagides; puis celui des Assyriens, des Syro-Chaldéens et des Perses; il arrive ensuite aux Grecs et aux Romains, enfin il termine par les Arabes. Il traite dans un appendice de la métrologie des Indiens. Un volume tout entier, le troisième, est rempli par des tables donnant le poids des monnaies anciennes conservées dans les collections et rangées suivant le plan de l'ouvrage.

M. Queipo aborde dans son ouvrage une des questions les plus graves, par ses conséquences, que puisse nous présenter l'archéologie. Y a-t-il eu autant de systèmes métriques qu'il exista de peuples et de gouvernements, ou chaque peuple, chaque gouvernement a-t-il imaginé le sien d'après des conditions locales? ou bien encore, y a-t-il eu une source unique, y a-t-il eu une invention première qui

---

[1] Paris, 1859, 3 vol. in-8°.

s'est propagée partout et que chaque peuple, chaque gouvernement a modifiée? Un mathématicien français, M. Saigey, ancien élève de notre École normale supérieure, s'était jadis (1834) prononcé dans ce dernier sens et avait été chercher en Égypte, en Assyrie et en Phénicie le système primordial. Sans contredire fondamentalement la proposition du savant français, M. Queipo a cependant combattu ses idées et corrigé en divers points ce que sa doctrine présentait d'inexact. En effet, M. Saigey n'avait point assez étudié les monuments, alors qu'il rapportait tout à la coudée naturelle égyptienne de 24 doigts (450 millimètres). M. Queipo est, au contraire, l'esclave des monuments et des textes, et ses recherches l'ont conduit, non à une mesure linéaire unique, mais à trois étalons primitifs qui seraient selon lui l'origine de trois systèmes différents, à savoir : la coudée royale égyptienne de 525 millimètres, la coudée olympique de 462, et la coudée assyrienne de 640. Mais en adoptant ces trois unités irréductibles entre elles, le savant espagnol reconnaît, ce qui confirme en un certain sens les idées de M. Saigey, qu'elles se comportent pour ainsi dire d'une façon entièrement analogue, car ces trois coudées se subdivisent respectivement en palmes et en doigts; elles fournissent une unité secondaire, le pied, équivalent des deux tiers de la coudée royale, des deux tiers de la coudée olympique et de la moitié de la coudée assyrienne, et engendrent d'une manière aussi ingénieuse que simple les mesures de capacité et les poids. Ainsi, s'il a existé trois unités fondamentales, il n'y a eu pourtant qu'un même système pour en tirer les subdivisions, les côtés du cube et les valeurs des poids. M. Queipo est d'avis, sans être pourtant à cet égard aucunement affirmatif, que c'est en Phénicie ou en Égypte qu'il faut aller chercher l'origine de la coudée olympique, et que la coudée égyptienne royale est due à une réforme introduite par quelque Pharaon; la coudée assyrienne aurait, selon lui, son berceau dans l'Assyrie ou la Perse.

Malgré les vues neuves, les estimations approfondies et les comparaisons lumineuses auxquelles s'est livré M. Queipo, on ne saurait croire pourtant qu'il ait épuisé la matière et que des études nouvelles ne puissent point ajouter aux faits si intéressants qu'il nous a appris. Déjà un ingénieur français. M. Aurès, a présenté sur le système métrique des Égyptiens. des Hébreux, des vues qui ont paru d'abord paradoxales. mais qui commencent à ne pas rencontrer autant de défaveur[1]. M. Aurès s'est surtout préoccupé du système métrique des Gaulois. dont M. Queipo ne nous a rien dit: et la mesure de monuments, d'armes. d'ustensiles l'a conduit à évaluer le pied gaulois, base de ce système, à 0ᵐ. 3₂5[2]. Si les idées de ce savant ingénieur se vérifient, il en résultera. pour la connaissance de l'ensemble de la métrologie antique. des principes plus sûrs et mieux arrêtés. Au reste. nous ne devons pas nous étendre davantage sur les travaux relatifs aux poids et mesures de l'antiquité; car si la métrologie se rattache par un côté à l'archéologie. et en particulier à la numismatique, de l'autre elle se lie à l'histoire des sciences mathématiques. dont nous n'avons point à traiter ici.

La science des pierres gravées ou, comme disent les antiquaires, la *glyptique*, prend naturellement sa place à la suite de la numismatique, car elle a pour objet l'interprétation de petits sujets, le plus souvent de simples figures analogues à celles que nous offrent les monnaies. Les deux sciences se prêtent sans cesse un mutuel appui; elles sont les sources les plus fécondes et les plus sûres auxquelles puisse puiser l'iconographie, c'est-à-dire la science des portraits des personnages historiques, dont la galerie ne cesse de s'accroître. mais présente encore bien des lacunes. Toutefois, la glyptique le cède en importance à la numismatique: car le chiffre des pierres gravées que nous possédons n'égale pas, à beaucoup près. celui des médailles. Les collections réunies par les amateurs n'existent qu'en petit nombre; les sujets que les pierres gravées nous mettent sous les yeux sont généralement moins riches en renseignements historiques; elles n'ont point de revers et ne permettent

---

[1] *Revue archéologique*, octobre 1866. *Étude des dimensions du tombeau de Josué.*

[2] *Revue archéolog.* septembre 1866.

pas conséquemment de mettre en rapport des symboles, des détails tels que ceux que cette face nous présente dans les médailles, avec la figure qui se voit ordinairement au droit. Le style seul et le sujet permettent de les dater, car une légende y fait presque constamment défaut.

Entre les collections de l'Europe qui fournissent aux antiquaires les objets d'étude les plus variés, se place, à beaucoup d'égards au premier rang le cabinet de la Bibliothèque impériale de Paris. Plus riche en pierres de premier ordre que les cabinets de Naples, de Florence, de Rome et de Saint-Pétersbourg, la collection impériale de France ne reconnaît de rivale que celle de Vienne, dont les principaux camées, gravés en 1788 dans l'ouvrage d'Eckhel, et en 1849 dans celui d'Arneth, ont acquis une grande notoriété; ceux du cabinet impérial n'ont été, jusqu'en 1858, décrits qu'incomplétement et partiellement dans des notices éparses, des articles disséminés en un grand nombre de recueils. M. A. Chabouillet, actuellement conservateur sous-directeur de ce cabinet, eut l'heureuse pensée de rédiger une description de ce riche trésor, et il donna, en cette année 1858, un *Catalogue général et raisonné des camées et pierres gravées de la Bibliothèque impériale, suivi de la description des autres monuments exposés dans le cabinet des médailles et antiques* (un vol. in-8°). Toutefois ce travail, que réclamaient depuis longtemps les savants, les artistes et les amateurs, est moins, comme le déclare l'auteur, une description détaillée des pierres gravées de la Bibliothèque impériale, qu'un inventaire complet et raisonné des monuments de la glyptique et d'autre nature que possède cet établissement. Ce qui fait le principal mérite de l'œuvre de M. Chabouillet, c'est l'exactitude rigoureuse des descriptions: il a décrit les moindres pierres, les moindres fragments avec le même soin scrupuleux que les camées les plus précieux, par exemple le grand camée de la Sainte-Chapelle, représentant l'apothéose d'Auguste.

Les pierres gravées sont réparties par lui en sept groupes, à savoir : 1° celles qui offrent des sujets se rapportant à la mythologie ; 2° celles qui importent à la connaissance de l'iconographie grecque ; 3° celles qui se rattachent à la mythologie égyptienne ; 4° celles dont l'étude appartient à l'iconographie romaine ; 5° les camées avec inscription ; 6° les camées byzantins ; 7° les camées chrétiens. Des camées, M. Chabouillet passe à la description des *intailles*, qu'il répartit en un certain nombre de groupes. Les pierres gnostiques ou *abraxas*, qui constituent l'un de ces groupes, sont l'objet d'une notice spéciale fort intéressante.

Le catalogue est le seul ouvrage que nous ayons à signaler où la glyptique soit l'objet d'un travail d'ensemble. Quant aux travaux destinés à nous faire connaître des monuments isolés, nous n'avons à en citer qu'un petit nombre, et d'abord la notice qu'une améthyste du cabinet de France a suggérée à Ch. Lenormant[1]. L'éminent antiquaire a retrouvé dans la figure que porte cette pierre les traits auparavant méconnus de la concubine de l'empereur Commode, Marcia. Le célèbre Mariette l'avait prise pour une Sapho. Lenormant a eu l'heureuse idée de rapprocher la figure de l'améthyste en question d'une tête de femme casquée qui accompagne sur quelques médaillons l'effigie de Commode : il nous montre qu'il y faut reconnaître la favorite de cet empereur.

Son sujet l'a conduit à réunir sur l'histoire de Marcia des documents pleins d'intérêt, dont il s'aide pour soutenir, d'une manière au moins spécieuse, que cette femme avait été chrétienne et qu'elle doit être en partie innocentée du meurtre du fils de Marc-Aurèle.

Moins importante pour les résultats, mais d'une science de bon aloi est la dissertation où M. E. Vinet nous décrit une pierre gravée représentant une divinité marine dans laquelle il reconnaît Ægæon ; cet auteur a pris occasion de son travail pour se livrer à des recherches mythologiques qui mettent plus en lumière son interprétation

---

[1] *Revue numismatique*, nouvelle série, t. II, 1857, p. 212 et suiv.

et montrent l'importance de la connaissance des religions antiques pour l'explication de pareils monuments [1].

La même année [2] M. Chabouillet nous signalait, dans une intéressante notice, comme un des plus beaux camées du cabinet de France, celui qui représente Auguste sur un char triomphal et où il reconnaît une œuvre du commencement du IVe siècle.

La tête qui se voit sur un camée du même cabinet, et que l'on prenait pour celle d'Ulysse, a fait l'objet des recherches de Ch. Lenormant, qui y a discerné la tête de Persée, dernier roi de la Macédoine [3].

Citons encore une notice sur un camée inédit du cabinet des antiques, dans laquelle M. de Longpérier explique une curieuse pierre gravée de l'époque d'Elagabale [4].

[1] *Revue archéologique*, 15 mai 1853.
[2] *Revue archéologique*, 15 mars 1853.
[3] *Bull. archéol. de l'Ath. franç.* 1853.
[4] *Revue archéologique*, t. II, p. 19.

DEUXIÈME PARTIE.

SCULPTURE, BRONZES, TERRES CUITES.
VASES PEINTS.
PEINTURES, MOSAÏQUES, OBJETS DIVERS.

La sculpture antique, qui nous a légué tant de chefs-d'œuvre, occupa longtemps la première place entre les divers départements de l'archéologie. Depuis elle l'a perdue en partie. Les découvertes de statues sont devenues plus rares, et nos musées, nos collections ne se sont pas à beaucoup près aussi enrichis de monuments de cet ordre que de médailles, de vases peints et d'antiques.

Mais si le sol s'est montré plus avare de produits du ciseau des anciens, la critique nous a en revanche appris à mieux connaître les styles, à mieux expliquer les attributs dont les figures sont accompagnées, à mieux apprécier les circonstances auxquelles se rapportent les ouvrages de ronde bosse et les bas-reliefs que nous connaissions déjà.

La France n'a vu paraître sur la sculpture antique aucun ouvrage d'ensemble depuis la grande publication du comte de Clarac, que la mort ne lui a pas permis d'achever, et dont le texte n'a pu être terminé que d'une manière imparfaite, sur les indications retrouvées dans les papiers de l'auteur[1]. M. de Clarac s'était proposé de nous donner une description complète et raisonnée des statues, des bustes et des bas-reliefs les plus importants que l'Eu-

Musée de sculpture antique et moderne. Paris, Imprimerie impériale, 15 in. 1853.

rope possède, et en particulier de tous ceux du Louvre. Depuis, cette dernière collection s'est grossie d'un grand nombre de monuments nouveaux[1].

Quelques-uns de ces monuments ont fourni à nos antiquaires le sujet d'études spéciales. Nous en trouvons un exemple dans le beau buste en marbre découvert à Cherchell (Algérie) en 1843, et sur lequel Ch. Lenormant fit paraître dès sa découverte (24 janvier 1844) une notice, dans laquelle il montra que ce buste nous offre les traits de Ptolémée, fils et successeur de Juba II.

M. Léon Renier, aidé des secours que lui fournissaient les inscriptions latines, a pu ajouter à ces premières données des faits qui complètent l'histoire du prince africain et conséquemment l'explication de son buste[2].

Nous nous sommes toujours fait un devoir de citer dans ce rapport les travaux de   a des étrangers qui avaient emprunté notre langue et concouru à nos propres œuvres. Voilà pourquoi nous ne devons pas oublier de parler ici de la courte mais substantielle dissertation où M. A. Salinas décrit deux statues nouvellement découvertes à Athènes, près de l'*Hagia trias*, et recherche quels personnages elles représentent[3]. D'heureux rapprochements entre l'une de ces figures et un passage de Lucien lui font reconnaître Toxaris, dont l'écrivain de Samosate nous a décrit le monument; il nous montre dans l'autre statue une sirène portant une lyre faite de la carapace d'une tortue, et réunit sur le caractère funéraire de ces divinités quelques considérations qui complètent l'explication du monument.

C'est aussi d'Athènes que provient une autre statue qui a fait

---

[1] Le savant conservateur des antiques du Louvre, M. de Longpérier, vient d'entreprendre la publication d'un choix de ceux qui intéressent davantage l'Archéologie dans l'ouvrage intitulé : *Musée Napoléon III, choix de monuments antiques pour servir à l'histoire de l'art en Orient et en Occident* (grand in-4°). Déjà six livraisons, dont les planches figurent à l'Exposition universelle, ont été imprimées.

[2] *Revue archéologique*, octobre 1857.

[3] *Revue archéologique*, nouvelle série, 1864.

l'objet des recherches d'un antiquaire français, martyr, sur le sol
même de la Grèce, de la science qu'il avait cultivée avec tant d'ardeur
et d'éclat. Nous voulons parler d'une statuette de Minerve qui était
reléguée dans un coin obscur du *Théseum*, à Athènes, et dont Ch. Lenormant fut le premier à signaler l'intérêt. L'ayant remarquée,
lors de son dernier voyage en Grèce, en 1859, il crut y reconnaître
une répétition de la célèbre Minerve de Phidias. Si l'opinion de
l'éminent archéologue est fondée, il faudra donc aller chercher
là les éléments de cette restauration idéale d'une des merveilles de
l'art antique, dont la libéralité de M. le duc de Luynes essaya de
nous donner une idée, en commandant à un sculpteur de grand
talent, Simart, une réduction de ce simulacre d'or et d'ivoire tel
que la science le reconstruisait. Mais cette restauration théorique,
qui a occupé plusieurs antiquaires distingués, et notamment Quatremère de Quincy, n'a point encore reçu de solution définitive.
Guidée par la statuette du *Théseum* d'Athènes, la critique pourra
soumettre à un examen plus fécond et plus décisif les textes anciens qui nous parlent du chef-d'œuvre de Phidias. C'est ce que
nous a montré M. Fr. Lenormant, auquel incombait le pieux devoir de mettre en lumière la découverte de son père. L'article qu'il
a consacré en 1860 à la Minerve du Parthénon, dans la Gazette
des Beaux-Arts, est destiné à justifier les vues de ce dernier.

Entre les statues qui, grâce à une connaissance plus exacte de
l'antiquité, ont pu être mieux interprétées, nous citerons la célèbre
figure du Musée du Capitole connue sous le nom du *Gladiateur
mourant*. Déjà Raoul Rochette et Otfried Müller avaient émis l'opinion qu'elle nous offre l'image d'un Gaulois au moment d'expirer.
M. de Longpérier[1] a pleinement confirmé cette opinion par un
heureux rapprochement des représentations que les anciens nous
ont laissées des Gaulois. Bien d'autres attributions demanderaient
à être pareillement revisées, et la galerie de sculpture du Louvre,
en particulier, attend de son savant conservateur un catalogue

[1] *Bulletin archéologique de l'Athenæum français*, 1856.

plus complet et plus au niveau des progrès de l'archéologie que ceux de Visconti et de Clarac.

Les bas-reliefs offrent généralement, sous le rapport archéologique, un intérêt plus grand et plus varié que les bustes et les statues; car ce ne sont pas des personnages isolés, mais des sujets entiers qu'ils représentent. Grâce aux missions que, dans sa protection et son zèle éclairés pour l'avancement de l'archéologie, S. M. l'Empereur a confiées en ces dernières années à MM. L. Heuzey, G. Perrot, E. Miller, le Louvre possède aujourd'hui plusieurs nouveaux monuments de cette catégorie. Ils nous fournissent des spécimens de l'art hellénique dans des contrées et pour des époques dont nous n'avions qu'un petit nombre de monuments. La description de ces bas-reliefs doit trouver sa place dans les grands ouvrages qui seront consacrés à ces explorations. Déjà la publication des voyages de MM. Heuzey et G. Perrot est commencée; mais ce n'est pas ici le lieu de parler de ces ouvrages, dont un autre rapport traitera. Mentionnons pourtant la notice donnée par MM. G. Perrot et Edm. Guillaume[1] sur le curieux bas-relief de Nymphi, où l'on avait cru, égaré par Hérodote, reconnaître un guerrier égyptien. Les deux voyageurs, qui se sont familiarisés avec les monuments de même style, dont ils ont signalé un intéressant spécimen dans deux figures observées par eux au Ghiaour-Kalé, rectifient les idées inexactes que l'on se faisait de ce produit de l'art gréco-asiatique ou mieux lydo-phrygien; ils ont rattaché ce bas-relief à d'autres qu'une étude plus attentive leur a permis de mieux apprécier que leurs devanciers.

Citons encore un travail que nous a valu une récente exploration sur le sol grec: c'est la notice de M. E. Miller sur trois bas-reliefs de style archaïque rapportés par lui de l'île de Thasos et qui paraissent avoir appartenu au même monument. Ces bas-reliefs représentent Apollon et les Muses, et sont accompagnés d'une inscription qui a enrichi l'épigraphie d'un document intéressant[2].

---

[1] *Revue archéologique*, juin 1865. — [2] *Revue archéologique*, décembre 1865.

D'une importance plus grande, pour l'art et la mythologie, est le magnifique bas-relief récemment découvert à Éleusis et qui représente Cérès, la grande déesse de cette ville, remettant au jeune Triptolème le grain de blé qu'il doit confier pour la première fois à la terre. Derrière celui-ci on voit Proserpine qui regarde sa mère d'un air triste et résigné. Ch. Lenormant, déjà atteint de la maladie qui allait l'enlever à l'archéologie, avait été frappé le premier de la beauté de ce bas-relief, dont les fragments demeuraient encore dispersés ; une de ses préoccupations avant de mourir, fut d'obtenir du gouvernement hellénique l'autorisation de faire mouler à ses frais ce chef-d'œuvre pour l'école française des Beaux-Arts. Le moule est arrivé, et MM. L. Vitet et Fr. Lenormant nous ont successivement signalé l'importance de ce magnifique morceau pour l'histoire de l'art. Le dernier, en particulier, en a fait l'objet d'une étude spéciale qui a paru dans la Gazette des Beaux-Arts [1].

C'est Athènes également qui nous a dotés d'un autre bas-relief dont nous devons la description à M. de Longpérier, et qui orne aujourd'hui le Musée du Louvre. On y voit un cavalier enveloppé dans une chlamyde, suivi par un personnage imberbe coiffé du casque et qui tient la queue du cheval. Le savant archéologue a su tirer d'un passage d'Appien l'interprétation de ce sujet énigmatique [2].

Nous aurions également à parler des travaux de M. le comte de Laborde et de M. E. Beulé sur les innombrables chefs-d'œuvre de la sculpture hellénique qui décoraient l'acropole d'Athènes. Mais ces monuments faisaient partie de la décoration des édifices que renfermait la citadelle de la ville de Périclès. Il appartiendra au rapport où seront exposés les travaux sur l'architecture antique de signaler ces publications. Nous nous bornerons à dire ici que dans l'intéressant et curieux ouvrage intitulé : *Athènes aux xve, xvie et*

<hr>

15 avril 1860. — [1] *Bulletin archéologique de l'Athenæum français,* 1855.

xviie siècles, qui a paru en 1854, le comte de Laborde a réuni
des détails relatifs à l'histoire des arts et des voyages en Grèce ;
une notice sur les dessins d'antiques de l'artiste Jacques Carrey, qui
accompagna le marquis de Nointel, nous fait connaître des faits
importants pour l'archéologie de la sculpture, et en particulier pour
celle des bas-reliefs et des statues du Parthénon. Dans les planches
qui accompagnent l'ouvrage sont reproduits quelques-uns de ces
chefs-d'œuvre, notamment la belle tête antique de marbre, jadis
rapportée par le marquis de Nointel, que Ch. Lenormant retrouva
en 1846 dans une cave de la Bibliothèque impériale et dont il
assigna l'origine et l'attribution. L'excellent ouvrage de M. Beulé
sur l'*Acropole d'Athènes*, publié la même année que celui de M. le
comte de Laborde, éclaire également l'histoire de Phidias et de son
école. Par ce côté il rentrerait dans le cadre de ce rapport, si la
majorité des sujets qui y sont abordés ne le rattachait plus étroi-
tement à l'histoire de l'architecture.

Nous devons maintenant mentionner une notice de M. de Longpérier, insérée dans la Revue archéologique[1], où sont consignées
des remarques pleines d'intérêt sur une stèle grecque funéraire
du Musée de Leyde, jadis publiée par le conservateur de ce
musée, M. Janssen. Cette stèle nous offre une jeune fille et un
jeune garçon debout devant une femme voilée et assise. Le nouvel
interprète de la stèle croit que cette scène cache une idée chrétienne, et il rapporte la date de son exécution à une époque où la
foi évangélique ne pouvait sans danger se montrer plus explicite.

La contrée qui possède cet intéressant monument nous conduit
tout naturellement à mentionner un autre bas-relief exécuté sur un
sarcophage de marbre découvert à Mons, en Belgique, et qui représente Pélops et Œnomaüs, suivant l'interprétation d'un antiquaire belge, M. J. Roulez, dont nous ne voulons pas séparer les
travaux des nôtres[2]. Ce savant a apporté dans son explication la

<hr>

[1] *Année* 1855. — [2] *Nouveaux mém. de l'Académ. royale de Belgique*, t. XXX, 1855.

critique et l'érudition qui recommandent ses précédentes publications.

Un bas-relief déterré à Reims en 1837, et qui appartient au musée de cette ville, a fourni à un compatriote de M. J. Roulez dont le nom est déjà venu bien des fois sous notre plume, M. J. de Witte, le sujet d'une savante notice. La scène représentée sur ce monument, qui affecte la forme d'un édicule surmonté d'un fronton, offre une certaine obscurité. Sur le fronton se voit un rat. Au centre de l'édicule paraît un dieu barbu, accroupi à la manière indienne, entre les figures debout de Mercure et d'Apollon, l'une reconnaissable au pétase, au caducée et à la bourse, l'autre caractérisée par la lyre sur laquelle le dieu appuie sa main gauche. La divinité qui occupe le milieu est vêtue d'une tunique détachée de l'épaule droite comme celle de Vulcain : elle porte au cou le *torques* gaulois, et se distingue surtout par les cornes dont son front est surmonté et le sac placé sur son bras gauche : de la main droite elle en fait sortir comme un ruisseau de fruits, faînes ou glands, dont viennent se nourrir un taureau et un cerf figurés sur le devant de la plinthe carrée qui sert d'appui au corps du dieu. Un antiquaire beaucoup moins familiarisé que M. J. de Witte avec les œuvres du ciseau des anciens, M. Ch. Loriquet, a essayé[1] de décrire et d'expliquer d'une manière plus complète qu'on ne l'avait encore fait un autre monument antique également possédé par la ville de Reims, le tombeau de Jovin, lieutenant de Julien dans les Gaules. L'interprétation des bas-reliefs qui le décorent présente des difficultés que le savant archiviste de Reims cherche à résoudre. En reconnaissant tout ce qu'il y a d'ingénieux dans ses explications, nous devons cependant faire nos réserves sur les rapprochements mythologiques un peu forcés auxquels il s'est livré.

D'un tout autre caractère et d'une époque plus reculée est un bas-relief mithriaque que nous a fait jadis connaître M. Berbrugger.

[1] *Revue archéologique*, 1860.

directeur du musée d'Alger, et qui appartient à un monument sé-
pulcral découvert à Aumale, en Algérie, l'ancienne Auzia. M. Det-
lefsen[1] en a proposé une explication plus heureuse et plus complète ; il a mieux saisi le sens de symboles et de particularités qui
avaient embarrassé son devancier, notamment la signification de
l'œil ailé qui remplace dans ce bas-relief le taureau figuré sur les
autres monuments mithriaques.

Enfin, dans cette nomenclature des meilleurs mémoires consacrés à l'explication de bas-reliefs, nous ne devons pas omettre la
dissertation de M. Edm. Leblant[2], qui nous fournit l'explication
d'un curieux sarcophage d'Arles, et ajoute à ce que nous savions sur
les débuts de l'art chrétien. Aujourd'hui le savant français le plus
versé dans la connaissance des antiquités chrétiennes, M. Leblant s'est consacré tout entier à l'étude des monuments épigraphiques et figurés de la foi, qui promettent tant de lumières sur les
commencements du christianisme.

Les monuments en bronze se présentent en plus grand nombre
dans les collections publiques et privées que ceux de marbre ;
leur matière les a mieux défendus contre la main de l'homme
et l'action du temps. Leur exécution est souvent du travail le plus
soigné. Voilà ce qui en fait surtout l'intérêt : mais en revanche ils
sont loin d'offrir par leurs sujets la même importance que les bas-
reliefs et même les statues : leur description réclame rarement
cette pénétration et ces longues investigations que l'interprétation
de ces derniers monuments exige. De là le petit nombre de travaux
dont les bronzes sont l'objet ; et pour la période qui nous occupe,
nous n'avons à signaler comme dignes d'attention que quelques
monographies, quelques mémoires sur les bronzes.

Nous mentionnerons en premier lieu une notice fort substantielle de M. J. de Witte sur une figurine de bronze du cabinet de
M. Louis Fould. L'habile archéologue y reconnaît le personnage

---

[1] *Revue archéologique*, mai 1863. — [2] *D'une représentation de Job*, *Rec. archéologique*, 1er juillet 1860.

de Cycnus[1]. Une notice non moins intéressante est celle de M. E. Beulé, sur un petit bronze découvert en Arcadie, et qu'il regarde comme étant l'image de Mercure Criophore[2]. M. A. Chabouillet a pris occasion d'une statuette de bronze représentant un *rétiaire*, pour traiter des figures de gladiateurs, sujet curieux, lié à l'histoire des jeux et des représentations scéniques dans l'antiquité[3]. Le savant conservateur du Musée de Leyde, M. C. Leemans, qui a souvent emprunté notre langue pour ses importantes publications, a complété dans le même recueil[4] les recherches du conservateur de notre cabinet des Antiques et porté quelque lumière sur les distinctions à établir entre les diverses figures de gladiateurs, sur lesquelles la confusion régna longtemps. M. Leemans passe en revue dans son article tous les monuments anciens, bronzes, mosaïques, vases peints, où apparaissent quelques-uns de ces acteurs qui versaient leur sang pour l'amusement d'un public barbare. Déjà la Revue archéologique[5] s'était antérieurement enrichie d'un travail de M. de Longpérier où avaient été traités divers points de ce chapitre de l'*agonistique*. En étudiant une stèle qui porte une inscription métrique en l'honneur d'un *mirmillon*, cet habile antiquaire avait parlé des monuments relatifs aux gladiateurs, monuments sur lesquels s'était aussi exercée la sagacité de Letronne. L'illustre critique, à propos d'une figurine en bronze d'un *dimacheras*, fit ressortir la rareté des images de cette classe de gladiateurs qui maniaient deux armes à la fois. La stèle qu'a expliquée M. de Longpérier est en marbre blanc, de petite dimension, et a été découverte par M. Vattier de Bourville, près de Salonique; elle appartient aujourd'hui à la Bibliothèque impériale. L'intérêt qu'elle présente nous engage à en dire ici quelques mots. Nous aurions dû en parler en traitant des bas-reliefs; mais les représentations de gladiateurs, en quelque matière qu'elles soient, ont donné lieu

---

[1] *Bul. arch. de l'Athenæum franç.* aug. 1856.

[2] *Revue archéologique*, nouvelle série. t. III. 1853.

[3] *Revue archéologique*, 15 oct. 1851.

[4] *Revue archéologique*. 15 mai 1852.

[5] 15 juin 1849.

à des travaux que nous n'avons pas voulu scinder. Le gladiateur figuré sur la stèle est posé de face, la tête nue, et n'a d'autre vêtement que le *subligaculum*. La main droite un peu étendue est armée d'un poignard, la gauche retient à la fois la hampe d'un trident, *fuscina*, et un second poignard. De chaque côté de la tête se voient trois couronnes placées les unes au-dessus des autres. Du rapprochement qu'il fait entre les monuments relatifs aux gladiateurs déjà décrits, M. de Longpérier tire la conséquence que nous avons là l'image d'un mirmillon.

Revenons aux bronzes. Nous ne devons point omettre une dissertation due également à M. de Longpérier, et où cet antiquaire, en interrogeant les auteurs anciens, arrive à reconnaître dans une figurine, dont il nous donne la description, l'Hercule gaulois[1].

Deux statuettes antiques d'Apollon, découvertes dans ces derniers temps, ont fait l'objet d'une dissertation de M. W. Vischer de Bâle, dissertation qui a paru dans les Nouveaux Mémoires de l'Institut archéologique de Rome. La dissertation est écrite en français: nous la mentionnerons donc ici, quoiqu'elle soit due à un étranger. M. Vischer y passe en revue les différentes images d'Apollon, et arrive par là à retracer l'histoire du type figuré de ce dieu. La discussion célèbre qui s'éleva jadis entre Raoul Rochette et Letronne sur une figure en bronze doré d'Apollon que possède le Louvre a montré l'importance de ces études.

Aucun buste en bronze n'a été, que nous sachions, l'objet d'un travail étendu et approfondi, sauf celui que possède le musée du Louvre, et que Visconti avait décrit comme l'image d'un demi-dieu bachique. Ch. Lenormant a combattu cette attribution et cru reconnaître dans ce buste les traits du célèbre théosophe Apollonius de Tyane[2]; cette opinion toutefois n'a pas été généralement acceptée.

Une des découvertes de bronzes antiques les plus intéressantes de ces derniers temps, est celle qui a été faite, en 1861, à Neuvy-

---

[1] *Revue archéologique*, 15 sept. 1849. — [2] *Mémoires de l'Académie des inscriptions et belles-lettres*, t. XIX, 1851.

en-Sullias (Loiret), et sur laquelle M. P. Mantellier a composé un mémoire fort étudié et accompagné de bonnes planches[1] qu'il a communiqué à l'Académie des inscriptions. Le savant magistrat y décrit ces bronzes aujourd'hui l'ornement du musée départemental historique de l'Orléanais. Il cherche à discerner le caractère des personnages qu'ils représentent et il y reconnaît notamment un Esculape, un génie portant les attributs d'Hercule, des jongleurs ou baladins, un guerrier, des figures de femmes nues, peut-être des Vénus, etc. Entre ces bronzes on remarque aussi des animaux travaillés au marteau ou au repoussé, plusieurs images de sanglier, animal que les Gaulois avaient adopté pour leur emblème national, un cerf, un cheval en bronze coulé d'une belle conservation, monté sur un socle portant une curieuse inscription. Ces précieuses figurines se sont trouvées associées à des objets et à des ustensiles divers. Leur style dénote la fin du II° siècle de notre ère. M. Mantellier les tient toutes, sauf l'Esculape et une petite figure de taureau, pour des produits de l'art gallo-romain. Les descriptions qu'il donne sont exactes, et la plupart des attributions qu'il propose très-acceptables.

L'enfouissement de ces objets au bord de la Loire conduit M. Mantellier aux conclusions suivantes : A l'époque gallo-romaine, un édifice religieux, un *sacellum* ou un temple, administré par un collège de prêtres ou de gardiens, situé sur la rive droite de la Loire, entre *Brivodurum* (Briare) et *Genabum* (Orléans), contenait, entre autres objets de bronze, un cheval posé sur un socle, dont la face antérieure était chargée d'une inscription dédicatoire au dieu topique Rudiobus[2]; des figurines de divinités, une figurine d'empereur, des figurines de personnages dont les différentes attitudes portent à penser que quelques-unes avaient été consacrées en reconnaissance de victoires obtenues dans des jeux, d'autres en com-

[1] Paris, 1866, in-4°.
[2] Déjà, dans la *Revue archéologique* de décembre 1862, M. Huillard-Bréholles avait publié une intéressante dissertation sur l'inscription où se trouve le nom de cette divinité.

mémoration de certains rites des cultes de Bacchus et de Cybèle ; des animaux, des ustensiles, des instruments, des débris de couronnes, d'armes, de sangliers, d'enseignes militaires, conservés à l'état de reliques. À la fin du IVe siècle, au commencement du Ve au plus tard, dans un moment d'invasion, à la veille d'un pillage, ceux qui avaient la garde de ces objets sacrés les ont retirés de l'édifice où ils étaient déposés et les ont enfouis dans un champ du territoire de *Noriacum*, aujourd'hui Neuvy-en-Sullias.

Quoi qu'il en soit de la valeur de cette hypothèse, il faut reconnaître que la trouvaille que M. Mantellier nous fait connaître enrichit la série des bronzes romains et gallo-romains de nouveaux et très-importants spécimens.

Les figurines et les statuettes d'argent sont rares, et l'archéologie a toujours regardé comme une bonne fortune la découverte de quelques-unes d'entre elles. Voilà pourquoi nous devons une mention spéciale à la notice de M. P. Mérimée sur une petite statuette d'argent creuse, travaillée en bas-relief et dont quelques parties ont été dorées. L'ingénieux académicien établit que cette statuette découverte à Tintignac (Corrèze) représente un guerrier grec casqué.

Armes.

Les armes des anciens ayant été presque toutes en bronze ou en fer, leur étude prend naturellement sa place à côté de la science des bronzes proprement dits. Longtemps il a régné sur la nomenclature des armes antiques, sur le caractère qu'elles offrent aux différentes périodes et dans les divers pays, sur leur mode d'emploi, sur les transformations qu'elles ont subies avec l'art de la guerre, une incertitude regrettable dont on ne pouvait sortir que par un examen plus attentif et une comparaison plus suivie des monuments. En France, l'impulsion imprimée à ces études par S. M. Napoléon III a depuis quelques années fait faire de notables progrès à l'archéologie des armes. L'Empereur s'est composé une magnifique collection d'armes anciennes, dont le catalogue a été récemment donné par M. Penguilly-Lharidon. La réunion d'armes qu'ont fournies les fouilles opérées en une foule de lieux permet des rapprochements, conduit à des inductions qui nous donnent une idée plus juste de l'armement des Grecs et des Romains. L'Empereur a fait aussi exécuter des recherches pour se rendre compte des machines de guerre des anciens. Des expériences ont été instituées pour déterminer l'emploi de ces armes, des modèles d'essai exécutés sous la direction de Sa Majesté, par les soins de M. de Reffye, l'un de ses officiers d'ordonnance; et ce que les représentations figurées et les textes étaient insuffisants à nous faire comprendre s'est expliqué grâce à des recherches pratiques dirigées par un esprit aussi sagace que M. de Reffye. Enfin, à son tour, la marine des anciens, qui avait ses engins spéciaux, si elle n'a pu être ressuscitée tout entière sous nos yeux avec ses galères, ses corbeaux et ses rangs multiples de rameurs, a vu du moins, grâce aux recherches ordonnées par l'Empereur, quelques parties de son matériel remises en lumière.

Une autre collection d'armes dont l'étude a aussi notablement contribué aux progrès de ce qu'on pourrait appeler l'*hoplologie antique* est celle du Musée d'artillerie de Paris. Nous en devons un excellent catalogue à son savant et zélé conservateur, M. Penguilly-Lharidon [1].

Des indications courtes mais substantielles et précises accompagnent ce riche inventaire d'armes de toutes les époques, où les armes grecques et romaines occupent une place importante, et font l'objet d'un travail particulier que l'auteur a redonné avec quelques développements dans la Revue archéologique.

On trouvera aussi des détails intéressants et neufs dans la notice de M. de Reffye consacrée à la description des armes découvertes dans les fossés de César, à Alise, et qu'a publiée la Revue archéologique [2]. Ces armes ont fait l'objet d'un débat très-animé entre ce savant officier et M. J. Quicherat [3], polémique qui se rattache à

---

[1] Paris. Imprimerie impériale. 186-. in-8°.

[2] Novembre 1864.

[3] *Revue archéologique*. Février 1865.

celle qui s'est élevée, depuis près de dix années, sur l'emplacement de l'antique *Alesia*.

M. de Reffye s'est surtout appliqué à nous faire connaître l'arme appelée *pilum* par les Romains et dont le caractère était demeuré assez mal déterminé. Le *pilum* a aussi attiré l'attention d'autres archéologues et en particulier celle de M. Lindenschmidt. Nul n'avait plus qualité pour traiter semblable matière, car on sait que l'ouvrage du savant conservateur du musée de Mayence sur les armes anciennes est un des guides les plus sûrs qui puissent être suivis pour l'étude de la panoplie antique. C'est avec peu de fondement que M. J. Quicherat, en traitant des armes découvertes à Alise, a critiqué les vues de l'antiquaire allemand. Celui-ci a répondu, on peut le dire, à son savant contradicteur d'une manière victorieuse, dans une lettre écrite en français et publiée par la Revue archéologique[1].

M. Lindenschmidt établit que le *pilum* était formé d'un long barreau de fer se terminant en une pointe très-petite, mais très-forte, et c'est cette proportion entre la tige de fer et la pointe qui différencie cette arme des autres armes de jet et des lances, où la plus grande partie du métal est affectée à former la pointe. Le but du *pilum* était de transpercer les plus forts boucliers, les armes défensives les plus résistantes, et d'empêcher que la pointe, une fois qu'elle y avait pénétré, ne pût être coupée.

Les anciens, afin d'augmenter la distance à laquelle leurs armes de jet devaient atteindre, faisaient usage d'une courroie ou *amentum*, dont la forme et le mode d'emploi étaient demeurés jusque dans ces derniers temps un problème insoluble. Un vase grec panathénaïque observé par M. P. Mérimée au *British Museum* en a enfin donné la solution. On y voit un archer grec lançant le javelot à l'aide d'une courroie qui ne peut être que l'*amentum*[2]. Cette découverte a mis sur la voie de l'explication cherchée, et des expériences faites sous les yeux de l'Empereur ont démontré qu'en adaptant à

[1] Mai 1865. — [2] *Revue archéologique*, septembre 1861.

l'arme de jet une lanière disposée comme elle est représentée sur le vase, on en augmente la justesse et la portée. L'*amentum* faisait à peu près l'office de la corde d'une fronde et doublait la force d'impulsion du bras de toute celle que pouvaient fournir les doigts de la main.

La connaissance du véritable caractère de l'*amentum* est venue compléter une lacune dans l'archéologie des armes anciennes, archéologie dont le conservateur du Musée d'artillerie, M. Penguilly-Lharidon, a donné dans la Revue archéologique un substantiel aperçu, enrichi de ses observations personnelles.

Les éléments de cette branche de la science de l'antiquité ont été depuis peu mieux étudiés, et l'on a surtout fait jaillir une source féconde d'informations du rapprochement des représentations figurées et des débris d'armes que les fouilles ont mis au jour.

Ces armes, dont S. M. l'Empereur a réuni les plus intéressants spécimens, n'étaient pas toujours destinées à la guerre; plusieurs avaient pour objet les combats de l'amphithéâtre; et le luxe que déployaient les anciens pour les unes se retrouvait aussi chez les autres. Nous devons citer, comme un des témoignages encore subsistants de la perfection qu'avait atteinte dans l'antiquité l'art de l'armurier, l'armure complète de gladiateur découverte à Herculanum et décorée d'admirables bas-reliefs au repoussé, un des bijoux de la galerie Pourtalès, d'où il a passé dans la collection impériale. Voici de quoi se compose ce curieux équipement d'athlète d'après les indications du *Catalogue des objets d'art et de haute curiosité, antiques du moyen âge et de la renaissance, formant la collection Pourtalès-Gorgier* [1] :

Un casque de très-grande proportion, garni en avant par un grillage: son frontal est orné d'une tête de Méduse vue de face. Sur les parties latérales sont deux étuis destinés à contenir des plumes ou

[1] Paris, 1865.

des aigrettes. Son cimier, qui est peu élevé, se termine en avant
par une tête de griffon. Ce casque est à peu près semblable à un
autre conservé dans le musée de Portici. Deux armures de jambes
de très-grande proportion. L'une et l'autre sont ornées au-dessus
du genou et de chaque côté par des repoussés qui représentent les
têtes d'un Silène et d'une Bacchante, profilées l'une sur l'autre et
posées sur une ciste. Sur leurs genoux se voit une tête de Méduse
vue de face et travaillée dans le même genre. Sur la partie qui
surmonte le genou sont tracées à la pointe les initiales suivantes :
PM. PAM, N.C.A. Un bouclier d'assez petite dimension et dont
la partie supérieure est arrondie. Cette arme offre un enfoncement
destiné à recevoir l'avant-bras et le poignet. Sa surface intérieure
est ornée d'un médaillon repoussé et argenté, représentant un buste
d'Hercule portant sa massue sur l'épaule. Deux brassards qui, étant
de proportion différente du bouclier précédent, n'ont pu servir au
même guerrier. Sur l'un est figuré au repoussé Mars debout,
casqué et cuirassé, s'appuyant d'une main sur sa lance et de l'autre
sur un bouclier. La décoration du second consiste en une figure de
femme debout, vêtue de long et tournant la tête vers son bras droit
qu'elle tient élevé. Sur ses côtés sont de belles arabesques, et sous
elle est placée une tête de Méduse vue de face[1].

L'examen comparatif des armes de ce genre et des figures que
nous en offrent les monuments a fourni à divers antiquaires, à
M. de Longpérier, à M. Fr. Lenormant[2], l'occasion de remarques
intéressantes. Le second, guidé par des sujets figurés sur des vases
de verre, a rectifié la dénomination trop générique de *Samnites*
donnée par les érudits à toute une catégorie de gladiateurs.

Tout ce qui tient au costume, au harnachement des guerriers

[1] Cette curieuse collection d'armes fit
partie du présent d'antiquité qu'offrit en
1809 la reine de Naples à l'impératrice
Joséphine, alors Me Bonaparte, femme
du Premier Consul. Cette collection, que
Millin a décrite dans le *Magasin encyclo-
pédique*, passa après la mort de l'impératrice Joséphine dans la collection Durand.

[2] *Revue archéol.* octobre 1865.

et de leur monture peut être rattaché à la panoplie. Un des problèmes que présente cette branche de l'archéologie est la détermination de ce que les anciens appelaient *phalères*; elle a soulevé une discussion assez piquante entre MM. de Longpérier, Deville, Lambert et Hucher. Déjà les savants italiens Borghesi et Riccio avaient reconnu l'image des phalères sur des deniers de certaines familles romaines. C'est un quadrilatère traversé par des bandes qui se croisent et qui sont ornées de points à leur intersection. M. Deville a rapproché cette figure d'une autre de forme quadrilatérale que nous offrent des monnaies d'or et de potin de la Gaule occidentale[1]. Se fondant sur une représentation de la colonne Trajane, M. Lambert a émis l'opinion que les phalères devaient être une sorte de voile sacré ou *peplum*.

D'un autre côté, M. Hucher veut voir dans le quadrilatère figuré sur les monnaies gauloises et sur les deniers romains, non une enseigne militaire du peuple-roi, mais celle d'une des nations barbares qu'il avait vaincues[2]. Enfin M. de Longpérier, approfondissant davantage cette question obscure, établit que le mot *phalères*, toujours employé au pluriel, servait à désigner un assemblage de pierres gravées et de médailles qui, placées à l'intersection de bandes de cuir ou d'étoffe disposées d'une certaine manière, composaient un ornement dont les Romains décoraient la poitrine des guerriers qui s'étaient distingués dans les combats[3].

La collection Campana a enrichi la France de plusieurs armes dont nous avons une courte indication dans la *Notice du Musée Napoléon III* que fit paraître en 1862 M. Ernest Desjardins. Le Louvre compte de plus un certain nombre d'armes anciennes; ces diverses armes n'ont point fait le sujet d'un travail spécial, mais elles n'en ont pas moins vivement attiré l'attention des antiquaires.

Le bronze était dans l'antiquité beaucoup plus en usage qu'il ne l'est aujourd'hui; il était employé à la fabrication des objets

---

[1] *Mém. de la Société des antiquaires de Normandie*, 1847.

[2] *Revue numism.* 1850, p. 63 et suiv.

[3] *Revue archéol.* 15 août 1849.

les plus divers et entrait dans une foule d'ustensiles et de pièces d'ameublement. Les découvertes de Pompéi et d'Herculanum, les fouilles opérées dans les sépultures étrusques ont fourni une multitude de curieux spécimens de ces objets et permis aux antiquaires de se faire une idée plus exacte du caractère de la toreutique ou de la ciselure chez les anciens. La magnifique collection qu'avait réunie le marquis Campana et qui forme aujourd'hui un des ornements du musée du Louvre, a enrichi notre capitale des plus précieux et des plus intéressants spécimens dans ce genre.

Le catalogue de ces bronzes est en voie d'impression; l'on peut dès aujourd'hui consulter sur ce même sujet la Notice qui vient d'être mentionnée. Toutefois, dans cette notice rédigée avant que les monuments de la collection Campana eussent été soumis à un examen attentif, on a compris des pièces que le défaut d'authenticité a dû faire retirer.

Sans parler de la curieuse suite d'ustensiles étrusques et romains que cette collection met sous nos yeux et qui jette tant de lumière sur la vie privée des anciens, nous devons signaler les cistes de bronze ou vases fermés qui y sont joints et dont on doit l'acquisition à M. Brunn. Trois de ces cistes proviennent des belles fouilles que le prince Barberini a fait faire à Palestrina (l'ancienne Préneste); elles sont gravées avec une aisance et une élégance de style qu'on ne saurait assez admirer. La plus grande est au moins égale à la fameuse ciste athlétique du musée Kircher au collège des jésuites à Rome, qui représente les Argonautes en Bébrycie. Mais deux de celles que possède maintenant la France sont surtout intéressantes, parce que les sujets qu'elles offrent semblent déterminer l'usage le plus fréquent de ces vases, usage encore mal connu. L'une nous offre une scène nuptiale : on y voit figurés l'époux et l'épouse, la couronne à la main, chacun avec sa suite. Une ciste y est représentée, qui paraît renfermer les présents de noces, ou tout au moins les objets de toilette qui servaient à la femme. Sur l'autre ciste. Persée délivre Andromède, et Thésée enlève la reine des

Amazones : deux scènes qui font allusion au mariage. Il y a donc lieu de croire que ces vases de bronze étaient des espèces de corbeilles de noce. Une ciste de moindres dimensions et dont la gravure est plus belle nous présente, dans un style aussi élégant qu'élevé, l'histoire de Prométhée créant l'homme, puis la création de Pandore, son arrivée chez Épiméthée, la punition du Titan créateur et sa délivrance par Hercule.

Les objets en bronze, soit grecs, soit étrusques, n'ont point fait l'objet d'un travail spécial et approfondi. Nous ne possédons pas encore un catalogue raisonné de la magnifique collection du Louvre, et nous ne pouvons citer en France qu'un fort petit nombre de travaux se rapportant à cette branche de la connaissance de l'antique.

M. J. de Witte a publié des considérations intéressantes sur les diverses catégories de figures à double tête [1]. À propos d'un vase de la collection Durand, où se voient deux têtes de femme, dont l'une a dans la bouche un mors de cheval qui est rattaché sur le front, il a passé en revue les différents vases à double tête conservés dans les collections.

Nous ne connaissions qu'un bien petit nombre de trépieds antiques en bronze avant la découverte des nécropoles de l'Étrurie. Ce que nous avions se réduisait à peu près à ceux qui avaient été retirés des fouilles de Pompéi et d'Herculanum, et l'on en était réduit à chercher sur les médailles des images de ces meubles dont le rôle était important dans la vie des anciens. C'est là surtout ce qui fait l'intérêt de la description qu'a donnée M. le duc de Luynes d'un trépied découvert en 1831 dans une nécropole de Vulci, par M. Campanari [2]. Dans cette notice on trouve décrites et expliquées les figures dont est orné ce trépied; mais la notice de l'illustre antiquaire est un peu antérieure à l'époque qui nous occupe, et nous ne l'avons mentionnée ici que parce qu'il n'a rien paru depuis, en France, sur cette classe curieuse de monuments.

[1] *Annales de l'Institut archéol. de Rome*, t. XXX, 1858, p. 79 et suiv.

[2] *Annales de l'Institut archéol. de Rome*, part. française, t. II, 1838.

Miroirs
étrusques.

Les miroirs étrusques où sont gravés des sujets constituent une classe beaucoup plus riche de monuments en bronze, et ces sujets qui nous retracent des scènes de la mythologie ou de la vie privée apportent un contingent considérable d'informations à l'histoire des idées et des mœurs des anciens. L'acquisition de la collection Campana a fait entrer au Louvre un grand nombre de miroirs métalliques soit étrusques, soit grecs, dont l'étude sera ainsi rendue plus facile aux antiquaires français. Un des premiers archéologues de l'Allemagne, M. Éd. Gerhard, dont la science déplore la perte récente, publiait depuis 1847 la description des plus importants miroirs venus successivement à sa connaissance, et son livre peut être regardé comme classique sur la matière. M. J. de Witte, d'un autre côté, dans son catalogue de la collection Durand, avait déjà signalé et décrit plusieurs de ces monuments alors inédits. Sans parler de son beau travail concernant les représentations d'Adonis gravées sur les miroirs, travail dont la date est également antérieure à l'époque qui nous occupe [1], nous devons mentionner la notice où il fait connaître un miroir représentant les filles de Pélias [2].

Bijoux

Les bijoux antiques et en général les objets de parure en métal, surtout ceux en or, ont, à raison de l'élégance et de la délicatesse de leur travail, un intérêt tout particulier pour l'histoire de l'art; aussi sont-ils recherchés avec empressement par les amateurs. Ces bijoux nous fournissent de précieuses indications sur l'état du travail des métaux chez les différents peuples de l'antiquité, et l'on sait quelle étroite liaison a existé entre les progrès de la métallurgie et ceux des arts plastiques.

Parmi les bijoux qui, dans ces dernières années, ont le plus excité l'admiration des antiquaires, nous devons mentionner ceux qu'ont mis au jour les fouilles exécutées par M. Salzmann sur l'emplacement de l'ancienne Camiros dans l'île de Rhodes. Ces fouilles,

---

[1] *Annales de l'Institut archéol. part. française*, t. I

[2] *Bulletin archéol. de l'Athenæum français*, 1855, p. 14.

auxquelles la science est redevable d'une foule de monuments des plus intéressants, nous ont valu des bijoux tout à fait remarquables par la perfection du travail et le mélange des styles qui s'y observe. Ils rappellent, sous quelques rapports, les plus beaux bijoux étrusques et semblent avoir été travaillés à l'aide de procédés identiques. M. Salzmann a découvert, dans la même nécropole de Camiros, d'autres bijoux non moins intéressants, dont la destination était visiblement funéraire, tandis que les premiers ont l'apparence de purs objets de parure visiblement destinés à être portés. Plusieurs de ces bijoux étaient retenus au vêtement par un crochet qui se voit encore à la partie supérieure. Les bijoux rappelant le goût oriental proviennent de la région de la nécropole qui porte les caractères de la plus grande ancienneté; car, dans cet antique cimetière rhodien, on observe comme plusieurs couches de civilisation et des monuments de styles divers. Les uns appartiennent à l'art grec le plus pur, les autres se rapprochent de l'art asiatique. Nous ne possédons point encore le travail que l'auteur de ces découvertes importantes prépare à leur sujet, et nous n'en pouvons parler que d'après les notices qu'a publiées la Revue archéologique[1].

Nous avons fait allusion tout à l'heure aux œuvres de la bijouterie en Étrurie, pays dont les orfèvres jouissaient chez les anciens d'un grand renom d'habileté. Les archéologues français ont pu se convaincre que cette réputation était méritée, en visitant la magnifique collection de bijoux étrusques dont s'est enrichi le Louvre, et qui n'était pas une des parties les moins précieuses du musée Campana. On en trouve une description fort complète dans le *Catalogue des bijoux du musée Napoléon III* qui a paru à Paris en 1862, in-12. Ce catalogue contient l'énumération sommaire des diverses catégories de joyaux actuellement exposés dans une des galeries du Louvre. C'est d'abord une suite magnifique de couronnes et de

[1] Gazette des Beaux-Arts, mai et juillet 186.

diadèmes en or, en argent doré, en émail; une suite moins riche, mais également très-intéressante, d'épingles à cheveux en or, en argent, en bronze et en ivoire; une collection remarquable de pendants d'oreilles, genre d'ouvrages où excellaient surtout les orfévres étrusques. Les ornements en sont d'une variété et d'une élégance infinies; ils représentent une foule d'objets naturels ou artificiels, d'êtres animés ou inanimés. L'or et l'émail sont les matières ordinairement employées à leur confection. Une collection de pendants d'oreilles gréco-romains ou romains, en or, en émail, en argent, complète cette suite curieuse. Les colliers ne présentent pas moins d'intérêt; on en voit de toute grandeur; ils se composent soit de simples fils d'or, tressés ou contournés en nœuds ou en agrafes, soit d'une série de grains d'ambre, de grenats ou d'émeraudes, soit de perles fines, de pâtes de verre ou d'émaux entremêlés par groupes ou alternant avec des boules, des amphores, des glands, des coquilles, des têtes d'hommes ou d'animaux en or ciselé ou estampé. Parfois de la chaîne principale pendent un certain nombre de chaînettes. On a là un spécimen des plus curieux des modes et de l'élégance étrusques. Ces colliers nous indiquent quelques-unes des voies par lesquelles s'effectuait le commerce de ce peuple. Il tirait de la haute Égypte et même de l'Inde ces émerandes pour lesquelles les Étrusques avaient une prédilection particulière. Les fibules, les bagues, les bracelets, tous bijoux généralement extraits des tombeaux et dont la matière est l'or, l'argent, le bronze, sont d'autres spécimens non moins intéressants de l'orfévrerie étrusque, et l'on y voit associés, dans la collection Campana, des bijoux analogues, grecs ou romains, qui peuvent mieux faire juger des caractères distinctifs de l'art de ces différents peuples.

L'Étrurie forme à certains égards un monde archéologique à part, qui a surtout attiré dans ces derniers temps les investigations de la science. Longtemps on en avait été réduit aux insuffisantes informations que nous ont laissées les anciens sur ce pays et à quelques monuments çà et là recueillis. Mais depuis un quart de siècle, les objets que l'art et l'industrie étrusques nous ont laissés se sont tellement multipliés, ils nous ont apporté des lumières si inattendues sur la civilisation de ce peuple, que l'ouvrage d'Otfried Müller publié en 1828, précisément l'année même où la découverte de Vulci régénérait cet ordre d'études, est aujourd'hui complétement insuffisant, malgré toute la science qui y a été dépensée. M. Noël des Vergers, qu'un long séjour en Italie avait depuis longtemps familiarisé avec les recherches archéologiques, s'est chargé de la tâche difficile de refaire, à ce point de vue surtout, le livre conçu par le grand antiquaire de Gœttingue. Sous le titre de *l'Étrurie et les Étrusques*, il a fait paraître en 1864, en deux volumes in-8°, qu'accompagnent de belles planches, un ouvrage où se trouve exposé tout ce que nous savons de l'Étrurie. Cet érudit aussi modeste que laborieux, prématurément enlevé à la science, avait, de concert avec M. Alexandre François, exécuté sur différents points de l'ancienne Étrurie des fouilles qui ont été des plus fructueuses. Elles ont amené la découverte de plusieurs hypogées décorés de peintures et meublés de vases, d'objets divers, qui sont venus grossir le trésor déjà considérable des antiquités étrusques que d'autres avaient amassées. Ces découvertes, jointes à celles dont de nombreuses localités de l'Italie avaient été le théâtre, ont permis à M. Noël des Vergers de donner un aperçu plus complet de l'archéologie étrusque, et lui ont fourni les éléments d'une histoire de l'Étrurie moins imparfaite que celle que nous possédions jusqu'à lui. Il suit dans son livre les destinées de ce pays depuis les temps les plus anciens jusqu'à la dissolution de l'empire romain, empruntant aux inscriptions, aux monuments figurés, aux arts plastiques les informations que lui refusent les auteurs.

L'auteur passe en revue non-seulement ces monuments funéraires, ces urnes décorées de bas-reliefs où les scènes héroïques de la Grèce sont associées à des images puisées dans les croyances et les habitudes de l'Étrurie, les vases peints, dont nous reparlerons plus loin, les peintures qui décorent les hypogées, mais il ne néglige aucun des produits de l'industrie des Toscans de nature à nous éclairer sur leurs institutions, leur religion et leurs mœurs. Nous signalerons notamment dans son livre la curieuse description qu'il nous donne de la nécropole de Vulci, découverte en 1857, celle de l'hypogée de Cære, où sont figurés à l'aide du relief et de la couleur la plupart des armes, des instruments, des ustensiles des Étrusques, curieuses représentations que le temps effacera peut-être, mais dont nous possédons heureusement, grâce à lui, de fidèles copies. Déjà, dans la Revue archéologique, le même antiquaire avait fait connaître les intéressantes peintures de la nécropole de Vulci dont la découverte lui appartient, et qui sont les premières offrant un sujet tiré de l'histoire grecque et de l'histoire toscane, au lieu de ces repas et de ces jeux funèbres, de ces danses, de ces chasses, de ces processions, de ces images de génies infernaux qui, dans la plupart des autres hypogées, font les frais des peintures décoratives. Ce qui est surtout digne de remarque, ce sont les noms de Mastarna et de Cœles Vibenna qui se lisent à côté de deux des personnages.

Postérieurement à cette publication, M. Noël des Vergers avait communiqué à l'Académie des inscriptions et belles-lettres d'autres peintures non moins intéressantes, accompagnées d'inscriptions, et provenant aussi d'un hypogée de Vulci. Il annonçait, sur ces nouveaux monuments de l'art étrusque, un travail spécial. Puisse la mort ne pas l'avoir surpris avant que son œuvre ait été terminée. La perte de ce savant est d'autant plus à déplorer qu'il était parmi nous presque l'unique représentant des études étrusques. Nous ne devons pas cependant oublier que M. J. de Witte, dans ses belles recherches sur la céramographie, dans ses notices sur quelques questions de mythologie étrusque à propos des miroirs, a éclairé divers points de cette branche de l'archéologie; il l'a fait avec l'érudition sûre et la connaissance pratique des monuments qui le distinguent.

Nous devons aussi de précieuses informations à un antiquaire pérugin qui s'était pendant quelque temps fixé parmi nous, et qui a communiqué à la Revue archéologique et à la Société impériale des antiquaires de France le fruit de plusieurs de ses investigations; nous voulons parler de M. le comte Giancarlo Conestabile, connu par d'importantes publications italiennes sur les inscriptions étrusques, mais que la langue dans laquelle elles sont composées ne nous permet pas de mentionner ici. Entre ceux de ses travaux dont il a gratifié la France, nous citerons particulièrement sa dissertation intitulée : *De quelques urnes sépulcrales de Volterra dans lesquelles on croit reconnaître le meurtre de Néoptolème par Oreste*. Le savant italien y discute les détails d'une scène souvent reproduite sur les urnes étrusques; il propose d'y voir le meurtre de Polités par Pyrrhus-Néoptolème, sur l'autel de Jupiter Hercéus.

Les représentations où les artistes de l'Étrurie reproduisaient les traditions héroïques de la Grèce, en les associant à des scènes et à des images que leur fournissaient leurs propres croyances, se trouvent sur les monuments les plus divers. Nous avons déjà parlé des peintures des hypogées, qui ont fourni plusieurs des plus intéressantes, des miroirs métalliques sur lesquels sont gravés à la pointe des sujets non moins curieux, accompagnés fréquemment d'inscriptions qui aident à leur intelligence. Nous avons à rappeler les urnes ou petits sarcophages dont les fouilles ont mis au jour un si grand nombre et dont la collection qu'en possédait déjà le Louvre s'est singulièrement accrue depuis l'acquisition du musée Campana. Plusieurs de ces sarcophages sont en marbre, et l'étude de leurs bas-reliefs aurait pu être comprise dans ce rapport, à l'article de la sculpture, si elle avait fait l'objet de publications spéciales en France. Mais d'autres représentations plus nombreuses encore sont celles qu'offrent les terres cuites, qui se rattachent à un ordre de monuments d'une extrême importance pour l'histoire de l'art étrusque. La collection Campana ne renferme pas moins de 1,800 objets de cette matière : statues, bustes, antéfixes, figurines, urnes

cinéraires, rhytons ou vases à boire, et bas-reliefs. Déjà le posses-
seur de cette collection avait consacré en Italie à la description de
ses terres cuites une publication spéciale. Les motifs d'ornements et
les figures les plus variées de chimères, de griffons, de dieux marins
terminés en enlacements d'acanthes et en dauphins, les décorent.
Les plus beaux bas-reliefs offrent des scènes souvent empruntées à
Homère, entre lesquelles nous signalerons : *les Corybantes étouffant,
en choquant leurs boucliers, les rugissements de Jupiter; — Persée te-
nant la tête de Méduse ou délivrant Andromède; — Oreste furieux sur
l'Omphalos de Delphes; —* le *Génie ailé de la victoire avec le taureau;
— Thésée découvrant sous le rocher les armes paternelles,* puis *domp-
tant le taureau de Marathon,* morceau d'une élégance et d'un style
admirables; — le même héros *enchaînant Sciron, désarmant Scinnis
et terrassant le Centaure; — Hercule et l'Hydre de Lerne; — Hercule
arrêtant par les cornes le taureau de Crète; — Hercule étouffant le lion
de Némée,* composition d'une grandeur et d'une puissance saisis-
santes; — viennent ensuite le *Mariage de Thétis et de Pélée; — Nes-
tor et Machaon; — Ulysse avec les Sirènes,* et *Pénélope; —* les *Combats des Griffons,* ayant parfois raison des *Arimaspes,* mais toujours
domptés par les *Amazones* (nombreux spécimens); — puis la *Lutte
des Amazones contre les héros grecs; —* le délicieux relief d'*Hercule et des Heures,* une des plus belles œuvres de la plastique;
— divers sujets qui se rapportent à l'histoire d'Hélène. Entre ces
produits de l'art du mouleur en terre cuite chez les Étrusques,
il faut enfin citer un sarcophage trouvé à Cervetri, l'ancienne
Caere, et que sa physionomie orientale fit longtemps désigner sous
le nom de *tombeau lydien.* Ce monument est un de ces *triclinium*
mortuaires dont on voit si souvent décorés les couvercles des urnes
sépulcrales étrusques. Il n'a point fait en France l'objet d'une dissertation ou d'une publication spéciale; mais la place importante qu'il
occupe dans les nouvelles galeries du Louvre renfermant l'ancienne
collection Campana exige que nous citions ici les recherches dont
il a fourni la matière à deux éminents archéologues allemands.

M. E. Braun[1] et M. H. Brunn[2]. Ce sarcophage, d'une admirable conservation, ne doit pas, selon toute vraisemblance, être postérieur à la destruction de Cære, c'est-à-dire au IV° siècle avant notre ère. Toutefois M. Brunn a montré qu'il ne saurait appartenir à une antiquité bien reculée; il a fort bien établi que cette œuvre prétendue de l'art des Lydiens, qu'on supposait exécutée par eux sur le sol de l'Étrurie, où la tradition fait arriver une de leurs colonies, est un produit pur de l'art étrusque, et il a essayé de fixer l'époque à laquelle son exécution peut être rapportée.

Le sol de la Cyrénaïque a fourni une admirable collection de figurines de terre cuite qui sont aujourd'hui, grâce à M. Vattier de Bourville, un des ornements du Louvre. Cette riche suite pourra fournir les éléments d'un ouvrage plus complet que celui que Th. Panofka a composé sur les monuments de cette classe, le seul traité spécial que les antiquaires aient encore à leur usage.

Un curieux ensemble de terres cuites de travail gaulois ou gallo-romain a été exhumé de notre sol, et des spécimens s'en trouvent répandus en diverses collections. On n'avait jamais fait de ces figurines d'argile, importantes pour la connaissance de la mythologie, des costumes et en général des usages de nos primitifs ancêtres, l'objet d'un travail particulier, jusqu'au moment où M. E. Tudot, établi dans le département de l'Allier, qui a donné une riche moisson de ces terres cuites, publia sa *Collection de figurines en argile, œuvres premières de l'art gaulois*, avec les noms des céramistes qui les ont moulées[3]. Les nombreuses planches de cet ouvrage, exécutées par l'auteur avec une grande fidélité, lui donnent un véritable prix. Le livre de M. Tudot est maintenant le meilleur répertoire à consulter pour l'étude des terres cuites gauloises. Le texte, quoique renfermant quelques bonnes indications, ne répond mal-

[1] *Bulletin de l'Institut archéologique de Rome*, p. 105, année 1865.

[2] *Annales de l'Institut archéologique de Rome*, t. XXXIII, p. 390, année 1861.

[3] In-4°, Paris, 1860.

heureusement pas à l'excellence des reproductions; il est à regretter que l'auteur, prématurément enlevé à la science, ait été trop peu versé dans l'histoire de la religion et des institutions de la Gaule, et se soit laissé égarer par des hypothèses et des rapprochements hasardés.

L'étude des terres cuites est le chaînon qui rattache l'archéologie de la sculpture à la céramographie, c'est-à-dire à l'archéologie des vases peints, une des branches de l'archéologie générale qui ont pris depuis un demi-siècle le plus de développement. Les vases d'argile décorés de peintures, tant par leur travail et la diversité de leurs formes que par la variété infinie des sujets que le pinceau y a retracés, ont éveillé à un haut degré la curiosité des antiquaires. La mythologie et l'étude des mœurs et des costumes antiques y puisent les plus précieux renseignements.

L'acquisition de la collection Campana, si riche en vases peints, a ramené plus particulièrement l'attention des antiquaires français sur cette classe de monuments, et elle a donné au savant le plus expérimenté dans la céramographie que nous possédions, à M. J. de Witte, l'idée de composer un aperçu des plus importants résultats acquis sur cette branche de l'archéologie; nous voulons parler de ses lumineuses *Études sur les vases peints* publiées par la Gazette des Beaux-Arts[1]. Dans ce que nous allons dire des progrès de la céramographie, nous ne pouvons mieux faire que de prendre cet excellent résumé pour guide.

Quel a été le point de départ de cet art, quelle était la destination originelle de ces vases? Cette question, vivement débattue, n'a point encore reçu une solution définitive.

En 1828 et 1829, les mémorables découvertes de Vulci, ville à peine connue dans l'histoire, sont venues changer, en ce qui touche les vases peints, la face de la science. Cette découverte a été mise en lumière par le remarquable rapport de M. Édouard

[1] In-8°. Paris. 1865.

Gerhard, dont nous avons déjà plus haut rappelé le travail sur les miroirs étrusques. Ce rapport, qui parut en 1831, fit la plus vive sensation dans le monde savant, et tous les archéologues qui ont depuis étudié les questions se rattachant à l'origine des vases peints durent le prendre pour base de leurs recherches.

Le chiffre des vases dont se sont enrichies les collections a toujours été croissant pendant la première moitié du siècle. Mais, depuis, leur nombre ne s'est que médiocrement accru; on n'a signalé aucune découverte comparable à celle de la nécropole de Vulci; on ne saurait guère estimer qu'à deux mille le chiffre des vases qu'il faut ajouter aux cinquante mille donnés par Ch. Lenormant en 1854, comme le nombre approximatif des vases connus. De ce fait il résulte que l'*Élite des monuments céramographiques*, de MM. Ch. Lenormant et J. de Witte, dont la publication, commencée en 1844, n'a pas duré moins de dix-sept années[1], peut être encore regardée comme un des ouvrages les plus complets sur la matière et qui exposent le mieux l'état de la céramographie. Toutefois, malgré son étendue, cet ouvrage ne répond pas au plan que s'étaient tracé les auteurs; car la mort de l'un d'eux a empêché d'achever une œuvre vraiment gigantesque et de remplir le programme qu'ils s'étaient imposé. En effet, MM. Lenormant et de Witte comptaient donner dans cet ouvrage la description méthodique de tous les vases les plus importants par leur sujet. On devait y voir figurer les mythes des héros comme ceux des dieux, les vases historiques comme les peintures mystiques et funéraires, enfin les sujets relatifs à la vie privée et domestique des anciens. Les quatre volumes publiés ne contiennent que les peintures qui se rapportent aux douze grands dieux, les gigantomachies et ce qui a trait aux divinités de la Victoire, de l'Aurore, du Soleil et de la Lune. L'ouvrage, fruit de l'érudition la plus riche et la plus ingénieuse, manque malheureusement ainsi de proportion. Dans les premiers volumes, Ch. Lenormant ne s'est étendu que sur les su-

[1] 4 vol. in-4°, 1844 à 1861.

jets qui avaient ses préférences; les autres descriptions ont été généralement écourtées; la discussion de certains détails mythologiques, dont l'explication importait à l'intelligence de tel ou tel sujet, fait défaut. En somme, malgré ses rares mérites, l'*Élite des monuments céramographiques* pèche par la composition. Force a été à M. J. de Witte, qui a achevé seul le tome IV, après la mort de son collaborateur, de rentrer dans le plan primitif du livre. Aussi s'est-il attaché à donner plutôt des descriptions exactes que des interprétations et des commentaires.

Cette œuvre n'en demeure pas moins la plus considérable qui ait encore paru en France sur les vases peints; les belles et fidèles planches qui l'accompagnent lui donneraient à elles seules un grand prix. L'introduction qu'y a placée Ch. Lenormant est un morceau capital, qui éclaire à la fois diverses branches de l'histoire de l'art antique.

Entre les différentes catégories de vases peints que nous connaissons, les plus intéressants peut-être sont les vases étrusques. Il n'est pas nécessaire d'avertir ici le public que nous n'appliquons pas, ainsi que le faisaient jadis les antiquaires, cette qualification à l'ensemble des vases peints. Il y a longtemps qu'on n'attribue plus exclusivement à l'Étrurie la fabrication de ces monuments; mais si le caractère essentiellement grec de la grande majorité d'entre eux est un fait incontestable, la découverte de Vulci a mis, d'un autre côté, hors de doute que toute une classe de vases peints est réellement l'œuvre des Étrusques, et les recherches poursuivies depuis n'ont fait que confirmer cette donnée. L'étude de ces vases fournit donc à la connaissance de l'histoire et de la civilisation de l'Étrurie des matériaux précieux; et voilà comment M. Noël des Vergers, dans le grand ouvrage dont nous avons parlé tout à l'heure, a dû consacrer aux vases une place notable. En retraçant l'histoire des relations commerciales de l'Étrurie avec les autres pays, il a passé en revue les diverses catégories de vases étrusques; il a placé sous nos yeux quelques spécimens de ces vases noirs connus en Toscane sous le nom de *cretanera*, qui portent plus particulièrement, comme il le remarque, l'empreinte de l'art étrusque.

Nous venons de dire que les vases étrusques constituent peut-être la branche la plus curieuse et la plus originale de la céramographie ancienne. Cependant l'étude des vases provenant de la Grèce, de la Grande-Grèce et d'autres contrées qui avaient subi l'influence hellénique, est loin d'être épuisée. L'infinie variété des sujets qui y sont représentés, les catégories assez nombreuses de styles, de provenances et d'époques distinctes soulèvent une multitude de problèmes généraux ou particuliers. L'interprétation d'un seul vase peut fournir matière aux recherches les plus étendues et les plus profondes, et chaque dissertation qui touche un point de la céramographie peut mettre sous un nouveau jour bien des points de l'archéologie, compléter bien des informations.

Entre ces vases, les plus intéressants assurément sont ceux qui présentent des sujets historiques ; car il y a là un élément chronologique dont on peut faire usage pour fixer la date du monument. L'âge auquel il faut rapporter les différentes classes de vases peints que nous connaissons ne peut être fixé que d'une manière approximative. Parfois la forme des lettres, quand les vases portent des inscriptions, donne des indications précieuses. A leur défaut, on a recours au caractère et au style des peintures, soit envisagées en elles-mêmes, soit comparées à d'autres monuments, par exemple avec les médailles dont l'époque d'émission est connue. Un zélé numismatiste, qui a rendu de grands services à la science qu'il cultiva avec passion pendant sa longue carrière, M. Prosper Dupré, a tiré de l'étude des monnaies de la ville de Naxos, en Sicile, dont l'âge peut être fixé, des inductions pleines de vraisemblance, qui nous fournissent pour quelques-uns de ces vases une époque probable[1]. La ville de Naxos fut fondée 736 ans avant Jésus-Christ ; elle fut détruite en 401 par Denys le tyran :

[1] *Revue numismatique*, nouvelle série, t. II, 1857.

elle compta conséquemment 335 ans d'existence. On possède des monnaies de cette ville de plusieurs styles, et par la comparaison de ces différents types monétaires avec les peintures de certains vases, on réussit à déterminer d'une manière assez rapprochée leur date. C'est ainsi que M. P. Dupré a été conduit à placer vers le vi[e] siècle avant notre ère la fabrication des vases du style archaïque original excluant celui d'imitation.

Nous pouvons trouver pour d'autres vases peints d'un caractère également archaïque des éléments qui permettent d'en calculer approximativement la date : nous voulons parler de ces vases d'un style très-ancien, les uns sans inscriptions, les autres couverts de légendes en caractères archaïques semblables à ceux du vase Dodwell, et qui, découverts par le marquis Campana, dans les fouilles qu'il fit faire à Cervetri, décorent aujourd'hui le musée Napoléon III, au Louvre. M. J. de Witte, dans l'excellent aperçu que nous avons cité plus haut, remarque que Démarate ayant apporté de Corinthe l'art en Étrurie dans la seconde année de la 31e olympiade, 655 ans avant Jésus-Christ, ceux de ces vases qui portent des légendes en caractères usités à Corinthe doivent être postérieurs à cette époque. Les plus anciens peuvent remonter à la dernière moitié du viie siècle avant Jésus-Christ, et par conséquent avoir été fabriqués par les potiers corinthiens de Démarate.

Il existe dans la collection Campana un certain nombre de grands vases d'une fabrique toute particulière et qui paraissent remonter à une haute antiquité. Tous ne sont pas du même style ni évidemment de la même époque. Ces vases ont été trouvés soit dans la tombe de Caere, d'où a été retiré le grand sarcophage de terre peinte dit le *tombeau lydien*, que nous avons mentionné plus haut, soit aux environs. De ces vases plusieurs, par leurs peintures et leurs ornements, rappellent les vases de style oriental; d'autres, à couverte noire, offrent des peintures à teintes rouges, blanches et brunes superposées sur la couverte. Les sujets représentés sont des animaux naturels ou fantastiques et des chasses. La plupart de ces vases sont à quatre et même à six anses. Quelques-uns ont des couvercles, et ces couvercles sont eux-mêmes enrichis de peintures et d'ornements variés. Ces vases, d'une fabrique particulière, ont été soigneusement signalés par M. de Witte, et ils nous fournissent de nouveaux points de repère pour la céramographie étrusque.

En général, le musée Napoléon III contient des spécimens très-variés des diverses fabriques de vases peints, et c'est là ce qui conduit M. J. de Witte, dans les *Études* que nous avons déjà citées et où il a savamment raconté toute l'histoire de la céramographie, à s'occuper spécialement de la partie céramographique de la collection Campana. Il a consacré plusieurs pages à la description de trois intéressants vases d'ancien style à figures noires. Le premier est une amphore portant la signature de Nicosthènes; le second est également une amphore, mais d'une fabrique plus habile et d'un style plus délicat, sur laquelle est représenté un roi assis; le troisième est une hydrie à trois anses, portant la signature de Timagoras, et où est représentée la lutte d'Hercule avec Triton ou Nérée.

Nous ne nous étendrons pas davantage sur les mérites du travail de M. de Witte; tout ce que nous regrettons, c'est qu'il ne soit pas plus développé. Nous devons passer à des vases dont il n'a pu parler qu'incidemment et qui ont été l'objet de travaux spéciaux.

Il est un monument céramographique des plus importants par son caractère historique et qui peut fournir une donnée précise pour la fixation de l'âge d'une certaine catégorie de vases peints: c'est la célèbre coupe où figure le roi Arcésilas, assis sous un pavillon, accompagné de gens qui pèsent le silphium; elle a fait l'objet d'une dissertation de M. le duc de Luynes.

Il y a eu quatre rois du nom d'Arcésilas qui ont régné dans la Cyrénaïque; mais, comme on l'a observé, le plus connu d'entre eux est le quatrième du nom, celui qu'a célébré Pindare et qui fut vainqueur aux jeux pythiques. Tout donne donc à penser que c'est

vers la 80ᵉ olympiade (458 avant J.-C.), époque où florissait Arcésilas IV, qu'il faut placer la fabrication de ce beau vase. M. de
Witte, en appuyant de considérations nouvelles les observations
présentées naguère à ce sujet par M. le duc de Luynes, a montré
que les objections qu'on avait opposées à cette attribution man-
quent de fondement.

Il existe un autre vase où la présence d'un personnage historique fournit pareillement une donnée chronologique. Ce vase,
découvert sur le sol de l'ancienne Panticapée, aujourd'hui Kertch,
a été aussi décrit et expliqué par M. le duc de Luynes[1]. Darius,
fils d'Artaxercè Mnémon, y est représenté combattant à cheval. Le
savant archéologue, en nous signalant ce monument dû à l'artiste
athénien Xénophane, fait remarquer qu'il permet de fixer la date
de monuments semblables conservés dans différentes collections,
ainsi que l'âge de poteries peintes sans relief, que, sans cette indication, l'on aurait été disposé à tenir pour postérieures à Alexandre
le Grand, car leurs ornements et leur style les rapprochent singulièrement du vase de Panticapée.

Un troisième vase, dont nous devons la connaissance à M. E.
Beulé, nous apporte encore une date positive. Il provient de ce
sol fécond de Benghazi d'où sont déjà sortis plus de cent vases de
style grec, et représente le portrait de la reine d'Égypte, Bérénice,
fille de Magos, roi de Cyrène, et épouse de Ptolémée Évergète Iᵉʳ.
M. E. Beulé[2] a su déterminer avec autant d'érudition que de
critique l'attribution de cette figure diadémée, qui porte la corne
d'abondance et une patère.

Un vase que sa fabrication et son style rapprochent de celui dont
nous venons de parler, est celui du Musée Britannique que l'on
connaît sous le nom de *Vase Temple*; il représente la reine Cléopâtre
Séléné, épouse de Ptolémée Soter II. C'est ce qu'a établi M. Fr.
Lenormant dans une excellente dissertation[3] où il complète les

---

[1] *Bulletin archéologique de l'Athenæum français*, 1856.

[2] *Journal des Savants*, mars 1862.

[3] *Revue archéol.* avril 1863.

recherches de M. Beulé, en modifiant heureusement quelques-
unes de ses explications. On le voit, nous possédons aujourd'hui
dans ces deux vases gréco-égyptiens des produits de date certaine
de la céramique cyrénéenne; ils nous en font connaître l'état
à la fin du second siècle avant notre ère. Par leur importance, ils
peuvent être placés à côté du vase du musée de Naples où se
voient d'un côté le roi Darius entouré de ses conseillers, de l'autre
la Grèce et l'Asie personnifiées attendant le signal de la guerre.

Parlons maintenant d'un monument céramographique qui fournit
un point de repère non moins sûr pour le classement d'un autre
groupe de vases et qui a fait le sujet d'une dissertation que nous
avons à mentionner. Il s'agit d'une amphore panathénaïque découverte en Cyrénaïque par M. Vattier de Bourville, et à laquelle
Ch. Lenormant a consacré une notice pleine d'intérêt dans la Revue
archéologique[1]. L'éminent archéologue établit que ce vase, rapporté de Benghazi, appartient à une catégorie particulière d'amphores dont le nombre s'est prodigieusement accru depuis les
découvertes de Canino; mais il offre des caractères qui l'en distinguent. Déjà le sol de l'antique Cyrène avait fourni un spécimen de ces amphores qu'on donnait en prix aux jeux athéniens, et dont Raoul Rochette a signalé le caractère. La première
des amphores de ce genre arrivée à la connaissance des archéologues est le célèbre vase Burgon, actuellement au Musée Britannique, et qui renfermait, lors de sa découverte, des ossements
calcinés. L'habile antiquaire Millingen, auquel on en doit la publication, remarqua judicieusement qu'il devait avoir été exécuté postérieurement à l'archontat d'Hippoclide (avant Jésus-Christ 566,
3e année de la 53e olympiade), sous lequel eut lieu l'institution
des Panathénées. L'épaisseur du vase Burgon, sa forme lourde et
ramassée, la rudesse des peintures qui le décorent, l'absence de ce
vernis fin qui n'apparaît qu'aux approches des belles époques

<hr>

[1] 15 juillet 1848.

de l'art, tout concourt à prouver que si ce monument ne remonte pas à l'âge de Pisistrate, il a été du moins exécuté avant la guerre des Perses (490 avant Jésus-Christ).

Une amphore sur laquelle le savant professeur berlinois Éd. Gerhard a appelé l'attention nous fournit les caractères d'une seconde époque dans l'histoire de ces monuments. C'est le vase du musée de Berlin au revers duquel est représenté le combat de musique. Cette circonstance fournit une limite chronologique au delà de laquelle il n'est pas possible de faire remonter son exécution; car on sait que ce concours de musique fut introduit dans les Panathénées par Périclès la troisième année de la 86e olympiade (446 ans avant Jésus-Christ). Or, le vase de Berlin rappelant par le style et les conditions de fabrication les vases panathénaïques qui ont été découverts depuis en Italie, on possède donc une date approximative pour toute cette catégorie de monuments céramographiques qui peuvent être pris comme caractérisant une seconde époque.

Le vase de Benghazi, que Ch. Lenormant nous fait connaître, en représente une troisième dont la date peut être assignée d'une manière plus certaine encore que celle des deux précédentes; car sur l'amphore dont il s'agit, on lit le nom de Céphisodore, où l'éminent archéologue reconnaît celui d'un archonte de l'an 363 avant Jésus-Christ, précisément successeur de l'archonte Hégésias, dont le nom est inscrit sur un vase de même caractère rapporté par le voyageur Paul Lucas de Cyrénaïque, et qu'avait signalé Raoul Rochette.

Nous nous sommes étendu sur les travaux relatifs aux vases dont les sujets ou le style fournissent des points de repère chronologiques, à raison de leur importance. Cette importance a été judicieusement mise en relief par M. de Longpérier dans sa *Lettre à M. Lenormant sur deux vases peints de la collection du Louvre*[1]. Ainsi qu'il le remarque, la place à faire sur les vases peints aux sujets historiques est presque égale à celle qu'on doit attribuer aux su-

[1] *Revue archéologique*, janvier 1852.

jets de théâtre. Déjà antérieurement, Ch. Lenormant avait relevé, dans les *Annales de l'Institut archéologique de Rome*, les divers sujets historiques qu'on rencontrait sur les vases antiques alors connus. Ce sont des représentations céramographiques de cette catégorie que nous décrit M. de Longpérier dans la lettre que nous venons de citer. L'un des vases sur lesquels il appelle l'attention est une amphore de Nola où il reconnaît l'image du rhéteur Tisias, contemporain de Gorgias; l'autre est une coupe où il signale l'image de Polycrate, le fameux tyran de Samos. M. de Longpérier a été conduit, par ses recherches sur ces diverses représentations, à traiter des sujets dramatiques qui figurent parfois aussi sur les monuments céramographiques. Des scènes de théâtre, telles que Jupiter chez Alcmène, l'arrivée d'Apollon à Delphes, le lit de Procuste, pouvaient être à la vérité, écrit M. de Longpérier, considérées comme des parodies religieuses; mais les travaux de et Th. Panofka ne permettent plus de douter des emprunts que faisaient les peintres de vases aux comédies civiles.

D'autres travaux ont eu pour but de nous faire connaître l'ensemble des monuments céramographiques réunis dans telle ou telle collection, d'expliquer les figures de tel ou tel vase intéressant par ses peintures et son caractère. En général on a apporté depuis quarante ans environ, dans les descriptions de ces monuments, un degré d'exactitude et une érudition qu'on n'observe pas dans les travaux antérieurs sur la même matière. On a mieux distingué les diverses catégories de vases; on a étudié le mode de fabrication et de peinture. Nous ne devons pas oublier que c'est en France et grâce à la protection d'un Français, M. le duc de Blacas, que l'un des antiquaires allemands qui ont le plus contribué aux progrès de la céramographie, Th. Panofka, a publié ses premières recherches. Ce sont les catalogues de diverses collections françaises, rédigés par M. J. de Witte, qui ont livré les plus importants matériaux dont l'archéologie a fait usage pour constituer cette branche intéressante de ses études.

La mythologie est certainement la science qui est la plus intéressée à la connaissance des vases peints, puisque les représentations que nous offrent ces monuments apportent incessamment sur les croyances et le culte des Grecs des données qu'on eût vainement cherchées dans les auteurs. Le cercle des sujets mythologiques peints sur les vases va sans cesse s'agrandissant ; des divinités dont on n'y avait d'abord pas rencontré l'image font graduellement leur apparition. Pour en citer un exemple, nous rappellerons qu'il y a trente ans on supposait que le culte de Saturne et de Cybèle n'avait laissé aucune trace sur les vases, quand un vase à figures rouges, sur lequel se voit Rhéa remettant à Saturne la pierre emmaillotée, vint montrer que cette divinité appartenait aussi au cycle céramique ; et ce vase était entré depuis peu dans la riche collection Pourtalès, quand Raoul Rochette donnait dans le Journal des Savants la description d'un rhyton sur lequel sont représentés Cybèle et son lion. On comprend donc que les descriptions de vases peints aient été souvent l'occasion de travaux qui rentrent autant dans l'étude des religions antiques que dans l'archéologie proprement dite. Tel est le caractère de deux mémoires de M. J. de Witte dont c'est le lieu de parler ici : l'un sur le sacrifice du chien, à propos d'un cratère découvert en 1850, dans un hypogée des environs de Chiusi, où est représenté le sacrifice de cet animal[1] ; l'autre sur les monuments qui se rapportent au mythe d'Adonis[2]. Ce dernier mémoire complète les recherches curieuses publiées antérieurement par le même archéologue sur les représentations de cette divinité d'origine orientale.

À côté de ces mémoires se placent les dissertations d'un compatriote et émule de M. J. de Witte, M. J. Roulez, dont nous avons cité plus haut un autre travail. Le savant professeur belge ne s'est pas fait, il est vrai, de la France une seconde patrie ; mais la langue dans laquelle ses ouvrages sont écrits les rattache tout

[1] *Bulletin archéol. de l'Athenæum français*, 1855.

[2] *Nouveaux mém. de l'Institut archéol. de Rome*, Leipzig, 1865, t. II.

naturellement au mouvement de l'érudition française. Déjà, dans la partie française des Annales de l'Institut archéologique de Rome[1], il avait donné, sur un vase de Ruvo représentant Térée poursuivant Philomèle et Procné, un mémoire intéressant. Plus récemment (1865) il a enrichi les Nouveaux Mémoires[2] de ce même institut d'une dissertation non moins curieuse sur le Combat d'Hercule contre les Amazones et les monuments céramographiques où ce sujet est représenté, embrassant ainsi par une vue d'ensemble toute une catégorie de représentations tirées d'un des épisodes les plus célèbres des travaux d'Alcide.

D'autres notices intéressantes nous ont signalé sur les vases peints des sujets dignes d'étude. Telle est la reconnaissance d'Oreste et d'Électre, qui se voit sur un vase de la collection Jatta et dont M. E. Vinet[3] nous a donné un heureux et savant commentaire. On doit au même archéologue une lettre sur un vase de la collection Santangelo représentant le mythe bien connu d'Actéon[4], et qui a droit également à une mention.

Ce sont moins les sujets des peintures, des dessins qui les décorent, que leur style et leur caractère qui font l'intérêt des vases dits *de style primitif;* car ils fournissent de précieuses indications sur les origines de la céramographie. Déjà bon nombre de ces vases avaient été découverts dans les îles de l'Archipel, à Égine, à Mycènes, à Athènes. M. J. de Witte s'est attaché à mieux faire connaître les traits distinctifs de cette poterie des anciens âges et nous a signalé les vases que M. Salzmann a rapportés de ses fouilles de l'île de Rhodes[5]. C'est lui aussi qui a pris le soin de décrire, avec les autres antiquités rapportées par M. Fr. Lenormant de ses voyages en Grèce[6], les curieux vases de la même classe que l'on doit à ce zélé explorateur, à savoir des vases provenant de Santorin, l'ancienne Théra, et les vases peints à fond blanc trouvés dans l'At-

---

[1] T. I, part. II.

[2] T. II.

[3] *Revue archéol.* 15 mai 1848.

[4] *Revue archéologique,* 15 août 1859.

[5] *Revue archéologique,* décembre 1862.

[6] *Gazette des Beaux-Arts,* 1ᵉʳ août 1866.

tique. La plupart de ces derniers sont des lecythus à couverte blanche, sur lesquels sont tracés des dessins au trait. A la différence de ceux qui étaient connus et qui présentaient généralement une exécution assez négligée, les vases dont M. Fr. Lenormant a enrichi la France offrent les contours les plus élégants et les plus gracieux. M. J. de Witte nous donne la description de quelques-uns d'entre eux, il en signale la destination funéraire et montre qu'ils appartiennent vraisemblablement à une époque moins ancienne que les vases de Milo, lesquels sont à ses yeux d'une haute antiquité, surtout quand ils offrent des zones sans aucun autre ornement[1]. « On doit, écrit-il, en avoir fabriqué d'abord en Asie; plus tard les Hellènes, en communiquant avec les navigateurs phéniciens, ont dû imiter ce genre de vases, et sans exagération on peut en faire remonter la fabrication à dix et même à douze ou treize siècles avant l'ère chrétienne. » M. J. de Witte est fondé à s'exprimer ainsi, car l'étude des vases de style primitif a apporté de nouvelles preuves à l'appui de l'opinion qui attribue à l'Asie l'origine des monuments céramographiques tant perfectionnés par les Grecs. Les zones d'animaux qui décorent ceux que leurs sujets rattachent d'autre part aux produits de l'art oriental sont une imitation de types que nous offrent des coupes d'argent et de bronze d'origine cypriote ou assyrienne. C'est ce que s'est attaché à mettre en lumière M. de Longpérier dans un travail du plus haut intérêt[2]. L'éminent antiquaire a confirmé le caractère asiatique de ces figures d'animaux qui décorent surtout les vases appelés d'abord *gréco-phéniciens*, par un curieux passage tiré d'un traité attribué à Aristote.

Les vases peints où l'or s'associe aux couleurs constituent une classe de monuments d'une date beaucoup moins reculée; mais ils nous intéressent par leur rareté et leur élégance, car ils appartiennent presque tous à l'époque la plus belle et la plus brillante de la

---

[1] *Étude sur les vases peints*, p. 36.

[2] *Notice sur les monuments antiques de l'Asie nouvellement entrés au musée du* Louvre, lue à la Société asiatique dans la séance du 12 juin 1854, dans le *Journal asiatique* de 1855.

céramographie. M. J. de Witte, dans un curieux article publié par la *Revue archéologique*[1], en a fait l'objet d'une étude spéciale et a donné l'énumération sommaire de ceux qui nous sont connus. Entre ces vases le plus célèbre est sans contredit celui qu'on désigne sous le nom de *vase de Cumes*, et qui de la collection Campana a passé dans le musée de l'Ermitage, à Saint-Pétersbourg. M. J. de Witte nous le décrit à nouveau.

Le même antiquaire nous signale le magnifique aryballe peint par Xénophante l'Athénien et trouvé aux environs de Kertch en Crimée, vase que possède le musée de l'Ermitage. C'est un des monuments les plus remarquables en ce genre que l'on puisse citer. Nous en avons déjà parlé plus haut, en traitant des vases à sujets historiques et en mentionnant la notice que lui a consacrée M. le duc de Luynes dans le *Bulletin archéologique de l'Athenæum français*, 1856.

Nous terminerons ce que nous avons à dire dans ce rapport sur les recherches relatives à la céramographie en mentionnant une intéressante notice de M. de Longpérier sur un petit vase (haut de 0ᵐ 078) en pâte de verre blanc, opaque, appartenant à la collection Pérétié, et sur lequel sont représentés des grenades, des raisins et un cédrat. Le savant antiquaire y reconnaît un produit de l'art judaïque d'une époque assez ancienne[2]. Ce vase en pâte de verre nous conduit tout naturellement à parler d'une dissertation de M. Fr. Lenormant sur un vase de verre découvert en 1855, près de Chambéry[3], et où l'on voit représentés des combats de gladiateurs. L'auteur de ce travail rapproche ce monument d'un autre vase offrant un sujet semblable et que possède maintenant le musée de Nantes, vase dont les bas-reliefs sont plus mutilés et qui fut découvert dans le département de la Vendée. Un antiquaire zélé, M. de La Villegille, a signalé le premier ce curieux produit de l'industrie du verrier dans l'antiquité[4]. On doit, d'autre part, à M. l'abbé

[1] 1ᵉʳ janvier 1863.

[2] Voyez *Bulletin archéologique de l'Athenæum français*, 1856.

[3] *Revue archéologique*, octobre 1855.

[4] *Bullet. du comité de la langue, de l'histoire et des arts de France*, 1860, t. IV, p. 916.

Cochet, qui a rendu tant de services à l'avancement de l'archéologie française, diverses notices intéressantes sur les verres à figures et à inscriptions.

En général, les verres antiques sont un intéressant sujet d'études à raison de la diversité de leur travail et des sujets qui y sont représentés. Plusieurs amateurs en ont recueilli de riches collections, entre lesquelles il faut citer celle de M. Charvet, collection qui a figuré dans l'importante exposition organisée à Paris par l'Union centrale des beaux-arts. Ces collections montrent jusqu'à quel degré de perfection les anciens avaient su porter l'art du verrier.

Les vases peints nous fournissent des spécimens de la peinture antique, mais ces spécimens ne sauraient nous donner qu'une idée bien imparfaite des grandes compositions qu'avait exécutées le pinceau des Grecs. Nous en sommes réduits à juger de la peinture antique d'après les scènes dont les Romains avaient, à l'imitation des Hellènes, orné leurs demeures. Les peintures d'Herculanum et de Pompéi demeurent l'ensemble le plus complet qui nous soit parvenu de peintures antiques. Mais on a découvert en quelques autres lieux des monuments du même art. Raoul Rochette, dans des articles qu'il donna en 1854 au Journal des Savants[1], nous a fait connaître, en prenant pour guide l'antiquaire italien Matranga, la découverte de paysages homériques faite à la *via Graziosa*. Tout en montrant l'intérêt de ces peintures, il diminue l'importance que l'antiquaire italien leur avait attribuée.

C'est principalement à l'archéologie de la peinture antique qu'il faut rattacher le mémoire de Ch. Lenormant *sur les peintures que Polygnote avait exécutées dans la Lesché de Delphes*[2], qui a été publié après la mort de son auteur. La restitution idéale de l'œuvre dont le célèbre peintre grec décora un des principaux monuments de la ville d'Apollon avait déjà occupé bien des antiquaires, à commencer par Caylus. Ch. Lenormant a tenté de donner un commentaire plus satisfaisant des pages de Pausanias où ces peintures sont

<hr>

[1] Nᵒˢ de juin et de septembre. — [2] Bruxelles, 1864, in-4°.

décrites, et ce travail lui a fourni l'occasion de revenir sur l'origine et le caractère des mystères helléniques, digression où son imagination s'est donné parfois peut-être trop libre carrière.

La chimie prête utilement ses lumières à l'étude de la peinture antique, en nous faisant connaître quels matériaux, quelle nature de couleurs employaient naguère les artistes. Un chimiste distingué, M. J. Girardin, correspondant de l'Académie des sciences, a communiqué à l'Académie des inscriptions et belles-lettres le résultat des analyses qu'il a entreprises de plusieurs produits d'art d'une haute antiquité. Les premières recherches de M. Girardin ont paru en 1846, mais depuis il les a poursuivies en les étendant, et il en a fait l'objet d'un nouveau mémoire qui est inséré dans le tome II des Savants étrangers de cette compagnie (1850). L'habile chimiste y donne les analyses qu'il a opérées de fragments de peintures murales et confirme un fait déjà mis en lumière par M. Chevreul, qui lui aussi avait, en 1848, étudié la composition de certaines peintures murales antiques : c'est que, pour assurer une plus longue durée à leurs œuvres, les peintres anciens ajoutaient de la cire à leurs couleurs ou les recouvraient d'une couche de cette substance.

Ce procédé, connu sous le nom de *peinture à l'encaustique*, a, sur la peinture à l'huile, l'avantage de mieux préserver les couleurs de l'action de l'air et de la lumière.

Ainsi que l'observe le savant chimiste, c'est certainement à la cire que les peintures murales de Pompéi et d'Herculanum, dont on voit de si nombreux spécimens au musée de Naples, doivent la fraîcheur de leurs tons, malgré leur séjour si prolongé dans les couches de cendres volcaniques qui les ont englouties.

On sait que la peinture à l'encaustique, perdue aux temps barbares, demeura un secret pour les modernes jusqu'à ce que les recherches de Caylus eussent permis de la retrouver. M. Girardin s'est appliqué à déterminer la nature des couleurs employées dans cette peinture. Il a fait ensuite l'analyse de verres antiques, cons-

taté que le procédé auquel recouraient les anciens pour obtenir
l'émail blanc est encore celui qui s'emploie de nos jours. On sait
que l'art d'émailler le verre a suivi de très-près la découverte de
celui-ci et que les anciens l'ont pratiqué avec un très-grand succès.
Le même chimiste a déterminé la matière avec laquelle, dans l'antiquité, on colorait le verre, on vernissait et colorait la poterie; il
a fait l'analyse de bronzes de diverses provenances et de médailles
antiques, ainsi que de vases en plomb et de plusieurs objets en
argent et en or; enfin il a confirmé l'opinion déjà émise que les
anciens connaissaient l'art de recouvrir les métaux altérables par
des métaux protecteurs et faisaient du plaqué d'argent, comme
nous en faisons encore.

On le voit, les résultats auxquels M. Girardin a été conduit
sont d'un haut intérêt: tout ce qu'on peut regretter, c'est que ses
analyses n'aient pas porté sur un plus grand nombre d'objets et
d'une plus grande variété de provenances.

Les mosaïques constituent une sorte de peinture décorative qui
a été fort en vogue dans l'antiquité. Les Romains en reçurent
l'emploi des Grecs, et bon nombre de celles dont ils décorèrent
leurs demeures sont parvenues jusqu'à nous. La variété des sujets
qu'on y rencontre donne à leur étude un grand intérêt archéologique, et tous les travaux destinés à nous mieux faire connaître,
soit celles qui sont depuis longtemps signalées, soit celles qui
ont été nouvellement découvertes, contribuent aux progrès de la
science du monde ancien. Entre celles qui ont le plus fixé l'attention
des antiquaires français, nous citerons d'abord la belle mosaïque
de Constantine encadrée de méandres rouges, bleus, verts, jaunes,
et représentant Neptune et Amphitrite dans un char traîné par
quatre chevaux sur la mer, que recouvrent des barques de pêcheurs
et où nagent des poissons. Cette mosaïque est aujourd'hui l'un des
ornements du musée du Louvre. Un fragment d'une autre mosaïque
non moins belle fut découvert en 1846, près de l'église Saint-

---

¹ *Exploration scientifique de l'Algérie*, pl. CXXXIX-CXLIV.

Paul, à Nîmes; elle représente Achille traînant à son char le cadavre d'Hector. On en doit la description à M. Aug. Pelet, conservateur du musée de cette ville[1].

Une mosaïque découverte en 1860, à Reims, et qui avait fait l'objet d'une intéressante communication de M. Ed. Fleury à l'Académie des inscriptions[2], a fourni à M. Ch. Loriquet la matière d'un travail approfondi où il nous donne une description circonstanciée des sujets figurés sur ce monument et qui sont relatifs aux jeux de l'amphithéâtre[3]. L'auteur a fait précéder son livre, où il passe en revue, ainsi que l'indique le titre, les diverses mosaïques découvertes à Reims, d'un aperçu sur l'art du mosaïste. Nous ne devons pas non plus omettre de parler de la mosaïque de Nennig (Moselle), d'un style et d'un dessin très-remarquables, et sur laquelle M. G. Boulangé nous a donné une bonne notice[4]. Les médaillons qui y sont distribués représentent également des sujets tirés des jeux et des scènes de l'amphithéâtre. Les courtes notices que M. Ch. Lecœur a communiquées au comité de l'instruction publique sur des mosaïques de Jurançon et de Bielle dans la vallée d'Ossau[5] ne sont pas non plus sans intérêt.

Aucun musée français ne renferme une plus magnifique et plus abondante collection de monuments de ce genre que celui de Lyon, qui possède notamment l'une des plus belles mosaïques où apparaisse le sujet favori des jeux du cirque et de l'amphithéâtre. On trouvera de cette collection une exacte et intelligente description dans l'ouvrage que le docteur Comarmond a consacré à nous faire connaître les richesses du musée de Lyon[6]. Cet antiquaire prend pour

---

[1] *Catal. du mus. de Nîmes*, 6ᵉ éd. n° 957.

[2] Voyez *Bulletin de l'Institut archéologique de Rome*, 1861, p. 113-116.

[3] *La mosaïque des promenades et autres trouvées à Reims. — Étude sur les mosaïques et sur les jeux de l'amphithéâtre*; Reims, 1862, in-8°.

[4] *Revue archéologique*, 15 mai 1855.

[5] *Bulletin du comité de la langue et des arts de la France*, tome II, page 377-391.

[6] *Description des antiquités et objets d'art contenus dans les salles du Palais des Beaux-Arts de la ville de Lyon*, 1855-1857, in-4°.

guide Artaud, son prédécesseur, dont les recherches ont complété celles de Furietti, et propose lui-même çà et là ses propres vues.

Nous aurions dû citer à la section où nous avons traité des travaux relatifs à la sculpture, à la céramographie, aux bronzes, aux terres cuites, bijoux, etc. les chapitres du livre du docteur Comarmond où il décrit les objets du musée qui appartiennent à ces catégories respectives; mais nous avons préféré ne point scinder ce que nous avions à dire de la description qu'il a rédigée. Le docteur Comarmond s'attache à décrire fidèlement les monuments de toute nature confiés à sa garde; il en fait connaître l'aspect, le poids, les caractères d'authenticité. Tout annonce chez lui un homme très-versé dans la pratique des monuments. C'est la matière, non la destination des objets, la nature des figures et des ornements, qui lui fournit les grandes divisions de son travail. Il a réparti les monuments anciens en sept classes : 1° argile cuite; 2° monuments en pierres diverses; 3° verres; 4° bronzes et cuivres; 5° fer; 6° plomb; 7° or et argent. On trouve donc abordées dans l'ouvrage du docteur Comarmond des questions fort diverses d'archéologie, et par ce motif il pourrait être classé dans la section des traités généraux sur cette science. Mais nous n'avons pas eu à leur réserver un paragraphe spécial; car la France n'a vu, depuis vingt ans, paraître aucun livre où se trouvent exposés, résumés les faits principaux de l'archéologie grecque et romaine envisagée sous ses divers aspects.

A côté de la publication du docteur Comarmond, nous devons placer le *Catalogue du musée de Nîmes*, par M. Aug. Pelet, que nous avons cité plus haut et qui est arrivé à sa sixième édition. On y trouve décrits les divers monuments de sculpture, les bronzes, les terres cuites, les vases, les verres que possède cette intéressante collection. Mais c'est surtout la partie épigraphique qui fait l'importance de ce catalogue, et nous renverrons au rapport qui traite spécialement de cette branche de l'archéologie; c'est là que doivent en être signalés les mérites. Il en faut dire autant du *Catalogue du musée de Narbonne*, par M. Tournal[1], où se trouvent sommairement décrites quelques antiquités grecques et un fort riche ensemble d'antiquités romaines de toute nature. On eût aimé à rencontrer dans la publication de M. Tournal des descriptions plus précises et quelques développements; il ne les a guère réservés que pour les inscriptions latines, qui occupent une large place dans son livre.

La description des antiquités et objets d'art composant le cabinet de M. Louis Fould[2] peut rentrer dans la même catégorie que le catalogue descriptif du docteur Comarmond. Les antiquités grecques et romaines y occupent une assez grande place. M. A. Chabouillet, en s'aidant des lumières de divers archéologues, a donné des descriptions intéressantes, mais un peu courtes et qui laissent parfois à désirer.

Les fouilles qui se sont si fort multipliées en France, surtout depuis six à sept ans, grâce à l'initiative de l'Empereur, amènent la découverte d'antiquités très-diverses; en sorte que, soit les exposés raisonnés de ces fouilles, soit l'inventaire des objets déterrés peuvent prendre place à la suite des ouvrages qui se rapportent à l'archéologie générale.

Les fouilles exécutées, il y a quinze à vingt ans, à Cumes, à Capoue, à Pompéi ont été de la part de Raoul Rochette l'objet de comptes rendus développés qui parurent en 1852, 1853 et 1854 dans le Journal des Savants. En retraçant l'historique de ces fouilles et en signalant les découvertes les plus importantes qu'elles ont amenées, le regrettable et savant antiquaire en prend occasion pour traiter divers points d'archéologie et de numismatique qui se lient à l'histoire même de ces localités. Depuis la mort de Raoul Rochette, les fouilles de Pompéi ont été poursuivies avec plus d'ardeur et de suite que par le passé; mais les résultats n'en ont pas été exposés chez nous avec le même soin, et sauf quelques indications que l'on rencontre dans notre Revue archéologique, c'est au

[1] Narbonne, 1864, in-8°. — [2] Paris, 1861, in-fol.

Journal archéologique de M. Éd. Gerhard, au Bulletin de l'Institut archéologique de Rome ou au Bulletin archéologique napolitain de M. Minervini, que nous sommes contraints de nous adresser pour les informations sur les découvertes produites par les fouilles effectuées en diverses parties de l'Italie.

Mentionnons pourtant un livre estimable dû à un antiquaire qui a plusieurs fois visité Pompéi, celui de M. E. Breton, intitulé : *Pompeia décrite et dessinée, suivie d'une notice sur Herculanum* [1]. Dans ce livre orné d'un grand nombre de planches et de vignettes, l'auteur nous donne une description complète de Pompéi, telle que l'ont fait connaître les fouilles exécutées jusqu'en 1854. M. E. Breton a dessiné lui-même sur place les monuments qu'il décrit, et tracé un plan de la partie de la ville mise au jour. Une nouvelle édition de cet ouvrage serait aujourd'hui nécessaire à raison des intéressantes découvertes faites depuis. Mais le livre de M. E. Breton n'en demeure pas moins d'un secours très-réel pour les antiquaires.

Les diverses sociétés archéologiques qui se sont constituées en France et auxquelles on doit de nombreuses et intéressantes publications, celles des Antiquaires de Normandie, de Picardie, de Morinie, de l'Ouest, les Sociétés archéologiques de l'Orléanais, de Béziers, de Montpellier, de la Charente, la Société archéologique du midi de la France, etc. ont plus fait pour l'avancement des études d'histoire nationale et d'archéologie du moyen âge que pour l'archéologie grecque et romaine proprement dite. Leurs recueils ne renferment qu'un fort petit nombre de notices dont la science des antiques et des vases peints puisse faire son profit. Elles ont cependant rendu de réels services à ces études, en répandant parmi nous le goût pour les œuvres de l'art ancien et en constituant sur divers points de la France des foyers d'études archéologiques sérieuses.

De nombreux musées se sont aussi constitués dans nos départements, à Amiens, à Dijon, à Besançon, à Autun, etc. Mais on attend encore, pour le plus grand nombre, des catalogues au niveau des

___

[1] Paris, 1855, in-8°.

progrès de la science. Ceux d'Aix, d'Arles, de Toulouse, de Bordeaux, en possèdent qui auraient besoin d'être complétés et améliorés. Bien des richesses y sont enfouies qui réclament des travaux spéciaux. C'est que, si l'archéologie classique a fait, comme on a pu s'en convaincre par cet exposé, d'importants et nombreux progrès, elle n'a pas encore rencontré un nombre suffisant d'adeptes. La science française a perdu, depuis vingt ans, les Letronne, les Quatremère de Quincy, les Raoul Rochette, les Ch. Lenormant; elle compte sans doute quelques hommes éminents qui ont été leurs émules ou marchent sur leurs traces, mais elle ne possède pas une école où soient suivis avec ardeur et persévérance les glorieux exemples qu'ils nous ont laissés. L'école française d'Athènes a montré, et montre chaque jour, par les travaux de ses membres, à quel point elle serait capable de continuer leur tradition, si une plus forte organisation, jointe à des circonstances favorables, lui ouvrait largement la carrière.

FIN.

www.ingramcontent.com/pod-product-compliance
Ingram Content Group UK Ltd.
Pitfield, Milton Keynes, MK11 3LW, UK
UKHW020114240726
13926UKWH00011B/1465